DE LA
LETTRE MISSIVE
EN DROIT PRIVÉ

ÉTUDE DE DOCTRINE & DE JURISPRUDENCE

PAR

Jean MONTAGNIER

Docteur en Droit
Ancien Avocat à la Cour d'Appel de Montpellier
Avoué près le Tribunal civil de Tarascon

DEUXIÈME ÉDITION

mise au courant des décisions les plus récentes.

PARIS

LIBRAIRIE NOUVELLE DE DROIT ET DE JURISPRUDENCE

ARTHUR ROUSSEAU, ÉDITEUR

14, RUE SOUFFLOT ET RUE TOULLIER, 13

1907

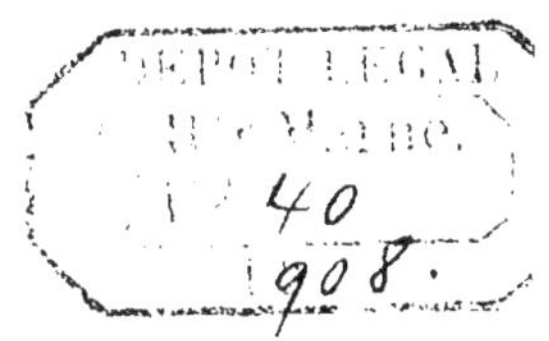

DE LA

LETTRE MISSIVE

EN DROIT PRIVÉ

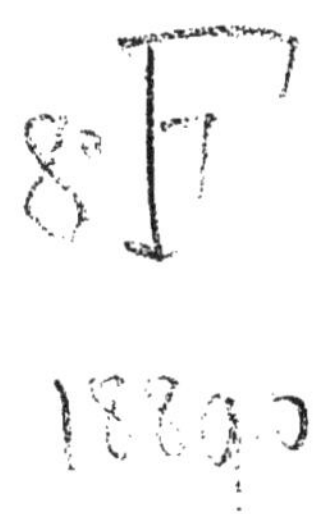

DE LA
LETTRE MISSIVE

EN DROIT PRIVÉ

ETUDE DE DOCTRINE & DE JURISPRUDENCE

PAR

Jean MONTAGNIER
Docteur en Droit
Ancien Avocat à la Cour d'Appel de Montpellier
Avoué près le Tribunal civil de Tarascon

DEUXIÈME ÉDITION
mise au courant des décisions les plus récentes.

PARIS

LIBRAIRIE NOUVELLE DE DROIT ET DE JURISPRUDENCE

ARTHUR ROUSSEAU, ÉDITEUR

14, RUE SOUFFLOT ET RUE TOULLIER, 13

1907

BIBLIOGRAPHIE

Aubry et Rau. — Droit civil, 5e éd., 1895-1902.
Baudouin. — Les lettres missives. Discours de rentrée, Lyon. 1892.
Belloc. — Les postes françaises. Firmin Didot Paris, 1886.
De Cormenin. — Publication des lettres confidentielles (*Revue critique de droit et de jurisprudence*, t. I, 1861, p. 104 et suiv.).
Chéron. — La femme mariée anglaise en Angleterre et en France. Thèse Paris, 1906.
Clamageran. — Louage d'industrie, mandat et commission. Paris, 1856.
Demolombe. — Droit civil. Des contrats. Preuve des obligations.
Darquer. — Des contrats par correspondance. Thèse Paris, 1885.
Dalloz. — Répertoire alphabétique, Vo *Lettre missive* et Vo *Contrats.*
— Supplément au Répertoire, 1892, Vo *Lettre missive* et *Bibliographie.*
Frault. — Manuel postal théorique et pratique. Paris, 1890.
Gide Paul. — Etude sur la condition privée de la femme. Paris, 1885.
Girault. — Traité des contrats par correspondance. Paris, 1890.
Grotius. — « De jure belli ac pacis ». Amsterdam, 1625.
Guillouard. — De l'effet des promesses de vente (*Revue critique*, 1875, p. 1).
— Droit civil. Contrat de mariage.
Hanssens. — Du secret des lettres, Bruxelles, Bruylant, édit., 1890.
Hepp. — De la correspondance privée dans ses rapports avec le droit civil et commercial. Thèse Strasbourg, 1864.
Jhering. — De la faute en droit privé. Paris, 1880.
— Œuvres choisies. Paris, 1893.
Jordel. — De la production de la correspondance. Thèse, 1904.
Favre (Jules). — Plaidoyers et discours.
Kœppen. — Der obligatorische Vertrag unter Abwesenden (*Jahrbücher für die Dogmatik*, XI, 1871, p. 139).

Laurent. — Principes de droit civil. Gand, 1882.

Larombière. — Théorie et pratique des obligations, 1857-1862.

Labbé. — Notes dans le recueil de Sirey, 1877.1.161 et 1881.1.193.

Legris. — Lettres missives. Thèses Paris, 1889, 2e édit. Paris, 1894.

Laurin. — Droit commercial, 3e édit., 1890.

Laroze (Lionel). — Lettres missives. Propriété littéraire. Paris, 1883, Calmann-Lévy.

Lyon-Caen et **Renault.** — Droit commercial. Traité. 1889-1903.

Marcadé. — Explication théorique et pratique du Code civil, 7e éd., 1873 à 1891.

Maumus. — Des contrats par correspondance. Thèse Toulouse, 1905.

Pouillet. — Propriété littéraire et artistique, ch. x, p. 315 et suiv.

Pouillet, Martin-Saint-Léon et **Pataille.** — Dictionnaire de la propriété industrielle, artistique et littéraire, V° *Lettre missive.*

Peret. — Secret des lettres, Thèse Paris, 1895.

Paul Pont. — Petits contrats. Mandat.

Pandectes françaises. — Répertoire, V° *Lettre missive.*

Ripert. — Essai sur la vente commerciale. Paris, 1875.

Robert. — Contrats par correspondance. Thèse doctorat, Dijon, 1868.

Rousseau. — Traité de la correspondance postale et télégraphique. Paris, 1864.

Savigny. — Histoire du droit romain.

Tissier. — Propriété et inviolabilité des lettres missives. Thèse Paris, Chevalier Maresq, 1885.

Vanier. — Des lettres missives, t. XXI (*Revue pratique de droit français*, 1886, p. 80 et suiv.).

Valéry. — Des contrats par correspondance. Paris, Fontemoing, édit., 1894 et bibliographie.

Worms. — Etude sur la propriété littéraire, t. II, p. 53 et suiv.

Worms (René). — De la volonté unilatérale comme source d'obligations. Thèse Paris, 1891.

Windscheid. — Pandectes. Dusseldorf, 1860-1866, p. 306 à 308.

Recueils périodiques.

Dalloz. — Périodique.

Recueil de Sirey.

Recueil de Marseille.

Jurisprudence maritime du Tribunal de Marseille.

Moniteur judiciaire de Lyon.
Moniteur judiciaire de Nantes.
Gazette des Tribunaux.
Gazette du Palais.
Journal *Le Droit.*
Journal *La Loi.*
Journal des Parquets.
Journal des Tribunaux de commerce de la Seine.
Journal des Tribunaux Algériens.

DE LA LETTRE MISSIVE

EN DROIT PRIVÉ

INTRODUCTION

1. On peut définir une lettre missive : un écrit confié à un particulier ou à l'Administration des postes qui prend l'engagement d'en effectuer le transport et la remise à une personne déterminée ; c'est le procédé destiné à permettre à ceux qui sont éloignés l'un de l'autre de s'entretenir. C'est, suivant l'expression de Bartole, une conversation entre absents.

2. L'échange des lettres constitue la correspondance. Le besoin de s'épancher est l'un des plus impérieux de notre nature et la loi de dispersion, à laquelle obéissent aujourd'hui, par suite des conditions de la vie moderne, presque toutes les familles, a donné à la correspondance épistolaire un rôle et une importance qui grandissent chaque jour. Cet instrument précieux des rapports privés, la vie sociale s'en est aussi emparé, et les lettres missives aident puissamment aux négociations d'ordre pécuniaire ; elles ont permis la

conclusion, à distance, des conventions ; elles en sont le titre et elles en fournissent la preuve dans un grand nombre de cas.

3. La diffusion de l'usage des lettres est due, il faut le reconnaître, à la rapidité et à la sécurité de leur transport, autant qu'à la modicité de son prix.

A Rome, pour faire parvenir une missive à son destinataire, il était nécessaire de recourir à un esclave, ou à un individu envoyé exprès, et qu'un salaire rémunérait du service rendu ; il est clair qu'on n'y avait pas recours sans qu'une grave nécessité l'imposât. On pouvait encore mettre à profit l'obligeance d'un ami (1), qui faisait le voyage pour son compte, mais c'était là une occasion qui ne devait pas se présenter toutes les fois que les circonstances rendaient nécessaires des relations entre absents.

4. Notre ancien droit connut, à partir de Louis XI, une organisation régulière concernant le service du transport des lettres missives. Les vicissitudes qu'elle subit n'offrent plus qu'un intérêt historique, et l'on peut en lire le détail dans le remarquable et très complet travail de M. Belloc (2).

5. Aujourd'hui, le service du transport des lettres est confié à l'Etat et constitue, à son profit, un monopole dont l'existence se justifie moins par la nécessité d'assurer son bon fonctionnement, que par le désir de procurer aux finances publiques une source de revenus certains et considérables.

(1) « Ut legi tuas litteras quas a Furnio nostro acceperam » (*Cicero, in Formiano, A.U.G. 705, XIV Kal. Apriles*).

(2) Belloc, *Les postes françaises*. Paris, Firmin Didot, 1886.

6. Cette intervention exclusive de l'Etat dans le service des postes, lui donne-t-il, à tous égards, le caractère d'un service public, comme l'est, par exemple, celui de la justice ? C'est là un point controversé que nous rencontrerons au cours de notre étude, mais sur lequel nous n'aurons pas à faire porter particulièrement nos efforts. En effet, l'organisation du service des postes et la réglementation des conditions dans lesquelles l'Etat est chargé du transport des lettres, relèvent du droit administratif, et ce n'est qu'incidemment que nous aurons à nous occuper de ce point de vue. Nous n'aurons pas davantage à étudier, dans ses détails, le principe de l'inviolabilité du secret des lettres, à rechercher ses conséquences et à préciser les sanctions par lesquelles le droit pénal en assure l'observation.

7. Notre travail se limitera aux questions délicates et intéressantes que soulève la correspondance par lettres missives, dans le domaine du droit privé, civil ou commercial. Dans toute cette matière, les textes de la loi positive sont peu nombreux, et la théorie s'est lentement dégagée des travaux de la doctrine et des décisions de la jurisprudence. On peut dire que cette dernière est à peu près fixée sur les points essentiels concernant la propriété, la production en justice des lettres missives, et sur leur rôle au point de vue de la formation des contrats. Et pourtant, les controverses continuent et sans doute le dernier mot n'est pas dit. Nous verrons, en parcourant les arrêts, que des solutions récentes ont changé quelque chose à ce qui était admis et témoignent du souci des tribunaux d'apporter toujours plus d'équité, et de tenir compte, dans une plus large mesure, de l'opinion et des mœurs, dans les matières où les textes ne les soumettent pas à la rigueur de leurs dispositions. Il nous

a paru intéressant de rechercher et de résumer, sur ces trois points essentiels, droit de propriété des lettres missives, leur utilisation en justice, leur rôle dans la formation des contrats, l'état de la doctrine et de la jurisprudence. Même réduit à ces limites, ce travail sera, pensons-nous, d'un réel intérêt pratique.

CHAPITRE PREMIER

DE LA PROPRIÉTÉ DES LETTRES MISSIVES ET DES DROITS DES INTÉRESSÉS DANS CETTE PROPRIÉTÉ.

SECTION I. — Qui est propriétaire d'une lettre missive.

8. Si haut que l'on remonte dans la jurisprudence, on y trouve admis, sans nul conteste, le principe qu'une lettre missive peut, à l'égal de tout autre objet mobilier, être le sujet d'un droit de propriété. Il faut et il suffit, en effet, pour qu'une chose soit susceptible de devenir la propriété de quelqu'un, qu'elle constitue un corps certain et déterminé, utile et approprié, sans qu'il y ait à se préoccuper de sa nature, corporelle ou incorporelle ; or, ces caractères se rencontrent dans la lettre missive. Un intérêt considérable peut être attaché à sa possession ; elle peut constituer aux mains de celui qui la détient le titre d'une obligation ; ce peut être, par exemple, un testament en sa faveur ; elle peut emprunter à la situation de son auteur, aux fonctions qu'il a exercées, une grande valeur ; elle peut être encore d'un prix infini, par les souvenirs d'affection qu'elle rappelle ou les relations d'une amitié précieuse dont elle conserve le témoignage. Mais, la difficulté s'élève dès que l'on se demande sur la tête de qui repose ce droit de propriété.

C'est une question fort délicate, en effet, parce que, soit par leur contenu, soit par la nature des rapports qu'elles supposent entre ceux qui les ont échangées, soit par l'idée de confiance et d'estime réciproque qui les inspirent, au moins en principe, les lettres intéressent, en même temps, quoique peut-être à des degrés différents, leur signataire et leur destinataire.

Faisons connaître les diverses opinions émises sur cette question.

L'une propose de distinguer entre les lettres revêtues d'un caractère confidentiel et celles qui ne présentent pas ce caractère. Les premières resteraient la propriété de leur auteur, et les secondes seules deviendraient celle du destinataire. Dalloz, qui se rattache à cette théorie, l'appuie sur une intention présumée de l'auteur d'une lettre confidentielle ; dans la pensée de celui-ci, en effet, la lettre est un simple dépôt entre les mains du destinataire. Elle n'a été employée que parce que la distance rendait impossible une communication orale. Si la communication eût pu être faite de vive voix, le secret confié devait seul survivre dans l'esprit de celui qui l'avait reçue. La lettre, qui n'a été qu'un moyen, non un but, doit donc rester la propriété de son auteur. Cette opinion a été adoptée dans un arrêt rendu par la Cour de Rouen, le 29 mars 1889.

M. de Cormenin, dans son étude sur la publication des lettres confidentielles, parue dans la *Revue critique de législation et de jurisprudence*, année 1851, propose de considérer les lettres confidentielles comme constituant une propriété commune entre l'auteur et le destinataire. Il déduit cette manière de voir de cette considération que l'auteur et le destinataire sont dans un état de dépendance réciproque, au point de vue de l'exercice du droit de publication, seul intérêt en somme que présente la propriété d'une lettre confidentielle (Trib. simp. police, Paris, 13 janvier 1906, *Gaz. Trib.*, 17 février).

Un savant jurisconsulte anglais, lord Hardwicke, avait

écrit, de son côté : « Celui qui a reçu une lettre confidentielle, a, tout au plus, sur elle, une propriété commune avec celui qui l'a écrite » (1). Cette idée a été partagée par d'assez nombreuses décisions de nos cours et tribunaux (Voy. notamment : Besançon, 30 décembre 1862, D. P. 63.2.63 ; Nancy, 11 mars 1869, D. P. 69.2.223 ; Trib. Nice, 25 juin 1889, *Gaz. Trib.*, numéro du 21 juillet ; Paris, 7 novembre 1904, *Gaz. Pal.*, 1904.2.641).

Une troisième opinion enseignée par Hepp (2) et suivie par M. l'avocat général Baudouin (3) distingue entre les lettres ordinaires et d'usage courant, les lettres d'affaires et les lettres présentant un caractère scientifique ou littéraire. Ce sont ces dernières seules qui resteraient la propriété de l'auteur, en vertu du droit qu'acquiert toute personne sur les œuvres qui sont un produit de la pensée, une création de l'intelligence.

D'après MM. Tissier et Hanssens (4), le droit de propriété qui s'applique à une lettre missive, comprend en réalité, deux éléments qu'il importe de séparer : l'élément matériel, c'est l'écrit, le morceau de papier, l'objet qui a servi à la communication ; l'élément intellectuel, c'est la pensée conçue et exprimée que l'écrit fait connaître. Le destinataire acquiert la propriété de l'écrit, mais l'idée continue à appartenir à l'auteur.

(1) Lord Hardwicke, *De la propriété littéraire*, trad. Regnault, p. 25 et ss.

(2) Hepp, *De la correspondance privée*, n° 92.

(3) M. l'avocat général Baudouin, discours de rentrée prononcé en 1892 à la Cour de Lyon.

(4) Tissier, *De la propriété et de l'inviolabilité du secret des lettres*, p. 30 ; Hanssens, *Du secret des lettres*, p. 182. — V. égal. un arrêt de la Cour d'Aix, rap. *Gaz. Trib.*, 26 avril 1907. — V. cependant Limoges, 9 février 1907, *Gaz. Trib.*, 4 avril 1907.

9. De quelques arrêts récents, et sur lesquels nous aurons à revenir au cours de ce travail, se dégage une théorie intéressante que l'on peut considérer comme exprimant une opinion nouvelle sur la question de la propriété des lettres missives. Partant de cette idée qu'une pensée de confiance inspire l'auteur d'une lettre, à moins que le contraire ne soit établi, que toute lettre renferme, par conséquent, essentiellement une confidence, et que, d'autre part, il y a des degrés, si l'on peut ainsi parler, où, si l'on préfère, des nuances, dans le caractère d'une confidence, on enseigne que la propriété des lettres est une propriété *sui generis*, distincte de toute autre, intéressant à la fois l'auteur et le destinataire, sur laquelle l'un et l'autre acquièrent ou conservent des droits, qui devront, en fait, se combiner, se concilier, et, s'il y a lieu, se limiter réciproquement (1). De ces considérations, une distinction découle : il y aura la lettre confidentielle de personne à personne, et celle de famille à famille ; il y aura, dans une autre catégorie, toutes les autres lettres pour lesquelles leur contenu ou d'autres considérations justifieront l'absence de tout caractère confidentiel. Ici, la propriété en appartiendra au destina-

(1) Remarquons que nos lois offrent deux autres exemples remarquables d'une propriété *sui generis*. C'est d'abord la propriété des tombeaux. Les règles ordinaires sont, le plus souvent, écartées, en cette matière. De nombreux arrêts ont été rendus en ce sens (V. Cass., 7 avril 1857, D. 57.1.311 ; Lyon, 4 février 1875, D. 77.2.161 ; Paris, 29 juin 1896, D. 97.2.501 ; Douai, 29 novembre 1899, D. 01.2.16 ; Toulouse, 15 février 1906, *Gaz. Pal.*, 25 avril). — En second lieu, le nom des personnes, si l'on admet qu'il forme l'objet d'un droit de propriété, échappe, lui aussi, à certaines conséquences de ce caractère. — Voy. Cons. d'Etat, 24 mai 1901, D. 02.3.99 ; Trib. Seine, 15 février 1882, *Gaz. Trib.*, 16 février ; Metz, 29 avril 1847, D. 47.2.108. — V. aussi : Chéneaux, *Autorité de la chose jugée sur des questions d'état*, n° 198.

taire. Dans les deux premiers cas, elle doit être attribuée, soit à l'auteur seul, soit à l'auteur et au destinataire, et après leur mort, à leurs héritiers en ligne directe, qui constituent leur famille, au sens étroit du mot. Ces idées sont ingénieuses (1) et leurs auteurs apprécient, en effet, d'une manière exacte, la situation qui devrait être, en fait, celle des parties entre lesquelles s'est échangée une correspondance, au point de vue des droits divers dont cette correspondance peut être l'objet. Mais n'est-ce pas pousser un peu loin la recherche des intentions et n'entrera-t-il pas beaucoup d'arbitraire dans l'exercice, par le juge, de ses pouvoirs d'appréciation, toutes les fois qu'auteur et destinataire ne tomberont pas d'accord et seront obligés de lui porter leur différend? C'est cette considération qui nous décide à nous rattacher de préférence au système qui conserve à l'auteur la propriété de toutes les lettres confidentielles, et attribue au destinataire celle de toutes les autres lettres. Il nous semble le mieux répondre à la volonté présumée des parties.

10. Les lettres, si, je le répète, on ne veut pas abuser des distinctions que séparent souvent de très légères nuances, se divisent en lettres confidentielles et non-confidentielles. Elles peuvent aborder des sujets de nature très diverse, il n'en reste pas moins qu'elles seront ou ne seront pas, selon les circonstances, la communication de pensées destinées à

(1) Ce criterium dont il vient d'être parlé a été signalé à l'auteur de cet ouvrage par M. le professeur Perreau. Sa délicate et originale théorie est appelé à s'étendre dans un temps prochain à des questions pratiques, et à inspirer les décisions de jurisprudence que préparent les lois encore à l'état de projet sur l'union libre et les questions d'état (V. n° 71, *in fine*).

rester secrètes, de sentiments d'un ordre intime et tout personnel.

Or, comme c'est l'auteur qui écrit la lettre, et qui la transmet ou la fait transmettre au destinataire, comment ne pas reconnaître que, du caractère même des révélations qu'elle renferme, résulte sa volonté certaine, ou d'en conserver la propriété, ou d'en faire au destinataire un définitif abandon. On oublie que, dans cette matière plus que dans toute autre, le transfert de propriété n'a lieu que si l'aliénateur a, sans qu'il y ait place à aucun doute, entendu qu'il se produisît ; et pourquoi vouloir qu'il s'exprime formellement à ce sujet ? Il pouvait le faire, je le veux bien ; mais, n'est-ce pas le cas d'appliquer la maxime : *eadem vis taciti atque expressi.*

11. Quoi qu'il en soit, nous devons reconnaître que l'opinion la plus accréditée attribue, dans tous les cas, la propriété d'une lettre missive à son destinataire, sans avoir égard à aucune des distinctions admises par les systèmes que nous venons de résumer. Elle s'appuie, je dois en convenir, sur des arguments d'une certaine force.

Le droit romain, tout d'abord, le décidait ainsi. La loi 65, Dig., *de acq. rer. domin.*, XLI, 1, porte, en effet, qu'entre l'auteur d'une lettre et son destinataire se produit une transmission de propriété, dont le moment se place à l'instant de sa remise aux mains de ce dernier, et Ulpien, au titre *de furtis*, L. 14, § 17, dit de même : que si la lettre est remise à l'esclave du destinataire, elle entre immédiatement dans le patrimoine du *dominus*. Conforme à la tradition historique, cette doctrine est d'accord, dit-on, avec les principes géneraux qui régissent la translation de la propriété. Ses partisans a déclarent encore, ce qui est fort douteux à notre avis, dans ces termes généraux et absolus, conforme à l'intention probable des parties :

« Lorsque j'écris une lettre, dit M. Legris, je peux en mesurer les termes et traduire mes idées comme je l'entends ; quand elle est rédigée, je suis maître de l'envoyer ou de la conserver. Mais, si je l'expédie, c'est, non pas dans la pensée que j'aurais la faculté d'en revendiquer plus tard la propriété, mais bien pour que la personne à qui je l'adresse la fasse définitivement sienne lorsqu'elle lui parviendra. On écrit pour les autres, non pour soi. Le destinataire peut détruire ou garder, à son gré, les lettres qu'il a reçues. Il peut s'en servir pour faire valoir ses droits ou protéger son honneur (Cass., 26 juillet 1864, S. 65.1.33). Lui sont-elles dérobées ? il a les droits d'une personne volée, et même si l'auteur de la soustraction n'est autre que l'expéditeur, celui-ci sera poursuivi comme voleur (Amiens, 21 février 1839). N'est-ce pas là, la démonstration la plus formelle du droit de propriété du destinataire » ? (Voir encore : Tunis, 12 mars 1904, *Droit* du 27 mai 1904).

On ajoute que des textes de la loi positive appuient cette manière de voir.

L'article 8 du Code de commerce impose à tout commerçant de mettre en liasse les lettres qu'il reçoit. Qu'est-ce à dire, sinon que ces lettres sont devenues sa propriété, puisqu'elles vont désormais faire partie de ses livres.

L'article 939 de l'instruction générale sur le service des postes, en date du 20 mars 1868, visant l'hypothèse de la perte d'une lettre qui renfermait un article d'argent, décide que si l'auteur et le destinataire en réclament simultanément le paiement, ce paiement est autorisé, de préférence, au profit du destinataire.

Aux termes de l'article 756 de la même instruction, si les

renseignements obtenus par l'ouverture d'une lettre, dont le destinataire n'a pu être atteint, et qui, en raison de cette circonstance, a été versée au rebut, fournissent des indices également certains et sur l'expéditeur et sur le destinataire, elle est, de préférence, renvoyée au destinataire.

Ces dispositions ne prouvent, à notre avis, qu'une chose, c'est que l'Administration des postes, liée par le contrat qu'elle a passé, considère qu'en payant le destinataire ou en lui renvoyant une lettre régulièrement ouverte, elle suit les instructions et rentre dans les vues de l'expéditeur dont les réclamations tardives, si elles étaient écoutées, pourraient engager, sinon sa responsabilité, du moins celle de ses agents, résultat que le but visible des dispositions de l'instruction générale tend, le plus possible, à écarter.

Nous reconnaissons volontiers, au contraire, que l'article 8 du Code de commerce suppose implicitement que le destinataire est propriétaire des lettres missives qui lui sont adressées, et sa disposition paraît, à cet égard, exclusive de toute distinction. Mais il faut avouer qu'il a surtout pour objet d'obliger le commerçant à conserver sa correspondance, en raison du rôle considérable de celle-ci, quant à la preuve des engagements qu'il a pu prendre ou qu'on a pris envers lui. Il sera important de rapprocher les lettres échangées, et grâce au copie de lettres pour les missives expédiées et à la mise en liasse pour celles reçues, la preuve des contrats deviendra facile.

Un arrêt de la cour de Toulouse, en date du 6 juillet 1880 (S. 81.2.215), rendu sur les conclusions de M. l'avocat général Fabreguettes, développe également le système qui attribue au destinataire, dans tous les cas et sans aucune distinction, la propriété des lettres missives. Presque toutes les décisions judiciaires que l'on trouve, postérieurement à cette date, ne mettent plus en doute ce point, et il est peu probable qu'un changement de jurisprudence ait quelque chance de se produire (Voir notamment : C. Paris, 16 juin 1888, *Gaz. Pal.*, 88.2.195 ; Cass., 9 février 1881, S. 81.1. 193; C. Paris, 7 novembre 1888, *Gaz. Pal.*, 89.1.30 ; Pouillet, *Traité de la propriété littéraire*, p. 315 ; Massé, *Droit commercial*, t. IV, p. 345 ; Larombière, *Obligations* sur l'article 1331 du Code civil ; Troplong, *Droit civil*, Vente, n° 24 ; Vanier, *Revue pratique*, XXI, 1886, p. 82 ; Girault, *Des contrats par correspondance*, n° 136 ; Valéry, *Des contrats par correspondance*, p. 303, n° 337. — Voy. toutefois, Orléans, 29 juillet 1896, S. 96.2.248, et Paris, 7 novembre 1904, cité *suprà*, *Gaz. Pal.*, 1904.2.641).

12. La transmission de propriété de l'auteur au destinataire a lieu, *animo donandi*, et elle se produit au moment où la lettre est remise au destinataire ou à une personne qui a mandat de la recevoir pour son compte. Jusque-là le destinataire ignore l'existence de la lettre, et son expéditeur pourrait, en remplissant certaines formalités ou moyennant certaines conditions, la retirer de la boîte où il l'a jetée. Ce sont là des points sur lesquels les auteurs et les tribunaux sont généralement d'accord, il est inutile d'y insister.

Il faut pourtant décider que le destinataire d'une lettre pourrait au moment où elle est jetée à la boîte — non pas peut-être en exiger la délivrance immédiate — mais à coup sûr s'opposer à ce qu'elle soit restituée à l'expéditeur.

Sans discuter sur le caractère juridique du rôle de l'Administration des postes, question qui trouvera plus loin sa place, nous estimons que dans le cas d'ailleurs assez rare, il faut le reconnaître, où le destinataire d'une lettre a connaissance de sa remise aux mains de l'Administration, il peut faire tenir une opposition par ministère d'huissier au receveur qui devra refuser dès lors de restituer à l'envoyeur la lettre en question.

SECTION II. — **Cas où le destinataire ne devient pas propriétaire.**

13. Le destinataire d'une lettre missive est donc considéré, dans tous les cas, suivant l'opinion commune, et selon nous, seulement dans les cas où la lettre n'a pas le caractère confidentiel, comme en étant le propriétaire. Mais ce principe ne comporte-il pas certaines exceptions? Parcourons les divers cas où cette question se pose.

14. *a*) Il en est un tout d'abord qui ne saurait soulever de difficulté. Il va de soi que si l'auteur a prescrit que sa lettre fût détruite, après lecture, ou qu'elle lui fût retournée par le destinataire, il en a conservé la propriété. Il y a alors une convention expresse à laquelle le destinataire a adhéré, par cela même qu'il a reçu la lettre.

15. *b*) Il faut décider de même que les lettres administratives restent la propriété de l'Etat ou de la personne morale de qui elles émanent, et n'appartiennent jamais aux fonctionnaires qui les ont reçues, en cette qualité. Quand ceux-ci quittent leur emploi, ils sont tenus de les représenter. Cette exception résulte d'une convention tacite, qui a sa base dans une considération d'intérêt général, et le fonctionnaire qui refuserait, à l'expiration de ses fonctions, de restituer les lettres qu'il possède, ou qui en aurait disposé, tomberait sous l'application des articles 169 et 173 du Code pénal (1) (Tissier, p. 36 ; Hanssens, p. 184 et 185).

(1) D'où il résulte que l'on peut considérer comme tenus à restitution

16. *c*) Il y a encore le cas où la situation respective des parties et les rapports qui les lient excluent l'acquisition de la propriété par le destinataire.

Ainsi en est-il pour les lettres qu'une maison de commerce écrit à son représentant, à raison de ses attributions ; elles restent la propriété de l'auteur, et le destinataire, à qui elles sont réclamées, ne saurait se refuser à les restituer, sauf son droit, si une contestation s'élève, à en faire usage, ainsi que nous le verrons plus loin, pour en faire ressortir la justification de ses actes; mais elles ne lui appartiennent pas. Il y a, entre une maison de commerce et ses représentants, des rapports de mandant à mandataire. Les lettres adressées à ce dernier sont donc le titre duquel résulte le mandat. Or, le mandant ayant toujours la faculté de révoquer la procuration qu'il avait donnée, aux termes de l'article 2004 du Code civil, a, par cela même le droit d'exiger la restitution de tous les écrits qui contiennent les pouvoirs du mandataire. Il est bien entendu que je ne vise ici que la correspondance adressée aux commis, en cette qualité, et qu'il ne faut pas étendre la règle à la correspondance privée et personnelle. Souvent un doute s'élèvera sur le caractère de la correspondance. Il sera tranché par les tribunaux, qui jouissent, à cet égard, d'un large pouvoir d'appréciation de fait.

Une règle identique s'applique à la correspondance échangée entre les officiers ministériels et leurs clercs ou leurs secrétaires (Bayonne, 30 juillet 1901, *Gaz. Trib.*, 16 novembre).

tous ceux que visent les articles 169 et 173 précités — c'est-à-dire la plupart des fonctionnaires — et ceux plus particulièrement visés par le décret du 31 décembre 1886 et celui du 22 janvier 1890. En pratique, cette restitution est assurée au décès du fonctionnaire ou de l'officier par l'apposition des scellés.

Conformément à ces principes, la jurisprudence a admis que des lettres écrites à l'ancien directeur d'une société, s'il est établi qu'elles ne lui ont été adressées qu'à l'occasion des fonctions qu'il y exerçait, font partie des archives de la société, et que celle-ci est fondée, au cas de détournement de ces lettres, à en poursuivre et en réclamer la restitution (C. Paris, 7 novembre 1888, *Gaz. Pal.*, 1889.1.30). Aussi pensons-nous que la cour de Limoges, en refusant par un arrêt du 19 avril 1844 (D. 45.4.53) à une personne le droit de réclamer la correspondance qu'elle avait adressée à son avoué, a méconnu les vrais principes. Cette correspondance, échangée à l'occasion du procès, ayant trait à des questions et à des détails relatifs au litige, faisait partie de l'ensemble du dossier, et, à ce titre, devait être restituée au client, libéré, nous le supposons, envers son mandataire.

17. *d*) L'article 471 du Code de commerce dispose que : *Les lettres adressées au failli seront remises aux syndics, qui les ouvriront ; il pourra, s'il est présent, assister à l'ouverture.*

Il est certain que ce texte apporte aux droits du destinataire d'une lettre missive des restrictions extrêmement graves ; il permet la violation du secret de la correspondance, et par cette mesure il porte atteinte au droit de propriété du failli ; il s'explique par l'intérêt de la masse des créanciers, qui trouveront, le plus souvent, dans la correspondance du failli, des indications précieuses sur sa situation commerciale, l'état réel de ses affaires, sa bonne ou mauvaise foi, dans les opérations intervenues. Cette idée suffit à écarter tout contrôle du syndic sur les lettres adressées à la femme ou aux enfants du failli, et l'oblige à remettre à ce dernier les lettres qui lui ont été écrites et qui sont sans rapport avec les opérations commerciales.

Mais on peut se demander si la disposition de l'article 471 apporte une dérogation réelle à l'acquisition de la propriété par le failli ; car, l'on reconnaît, d'une manière à peu près générale, que les syndics ne peuvent pas détruire les lettres adressées au failli après en avoir pris connaissance. Cela même implique que le failli, une fois la faillite terminée par le concordat ou par l'union, a le droit d'exiger que toutes ses lettres, saisies en vertu de l'article 471, lui soient restituées.

Nous pensons, en effet, que le but même, en vue duquel a été écrite la disposition de ce texte, en précise la portée. Elle place le failli dans un certain état d'incapacité ; il est assimilé, en quelque sorte, à un mineur, dont la correspondance peut être interceptée par ses père ou mère, mais qui a le droit, lors de sa majorité ou de son émancipation, d'en exiger la restitution.

Nous ne voyons donc pas là un cas où le destinataire ne deviendrait pas propriétaire des lettres qu'il reçoit, et nous n'avons pas, par suite, à y insister davantage.

Il est unanimement admis que l'article 471 est inapplicable au commerçant qui a obtenu le bénéfice de la liquidation judiciaire (loi de 1889).

Ajoutons qu'aux termes de la loi du 1er juillet 1901, article 18, les biens d'une congrégation non reconnue ou dissoute sont soumis à la liquidation judiciaire. Comme il n'est fait aucune distinction, tous les biens détenus au moment de la dissolution, sont compris dans la masse à liquider. Si l'inventaire fait découvrir des lettres missives, le liquidateur peut les conserver, en vue de la preuve de faits qu'il lui importera d'établir ou de contester, suivant les cas, pendant les opérations de la liquidation.

En dehors de là, les lettres sont la propriété des membres

de la communauté, qui en sont reconnus les destinataires, et non de la communauté, qui n'avait pas d'existence civile. Elles doivent donc leur être restituées. Au surplus, le caractère transitoire de cette loi, en ce qui concerne la liquidation, nous dispense d'entrer dans des détails, qui n'auront bientôt plus qu'un intérêt purement rétrospectif.

18. *e*) Nous pouvons supposer encore une hypothèse intéressante : Un négociant a vendu son fonds de commerce, un officier ministériel a cédé sa charge ou a encouru une destitution, et des lettres leur sont adressées, avec mention, sur la suscription, de leur ancienne profession. Régulièrement, ils sont propriétaires des lettres missives qui leur sont écrites, puisque les correspondances, comme nous le savons, appartiennent aux personnes que désigne l'adresse.

Mais, ici, il n'en saurait être ainsi, dans tous les cas, et il y aura lieu de distinguer entre les lettres relatives aux affaires de la maison ou de l'étude cédée, et celles qui y sont étrangères. Le vendeur ou le cédant, bien que désignés sur les premières, ne sauraient prétendre qu'ils en sont propriétaires, et ils en exigeraient vainement la remise, qui sera faite à leur successeur.

La raison de cette dérogation aux principes se trouve dans l'intention même des parties. Il est certain qu'en vendant un fonds de commerce, en cédant une charge, le commerçant ou l'officier ministériel ont virtuellement compris dans la cession le droit à toutes les commandes et affaires et aux correspondances dont elles impliquent l'échange.

Selon ces données, si nous envisageons le cas d'un établissement qui se fait connaître au public exclusivement par une raison sociale et qui change de propriétaire, l'acquéreur achetant, en même temps que la maison de commerce, le nom social qui la désigne, sera propriétaire de toutes les lettres dont la suscription ne contient que l'indication de la raison sociale. La remise qui lui en sera faite sera régulière, car l'adresse ainsi libellée constitue, à son profit, une présomption qui s'impose au précédent propriétaire, sauf, bien entendu, la preuve contraire.

19. La jurisprudence a toujours jugé en ce sens et à juste titre. Un arrêt de la cour de cassation du 8 novembre 1892 (D. P. 93.1.33), décide qu'à moins d'une clause contraire insérée dans l'acte de vente, l'acheteur d'un fonds de commerce a le droit de recevoir, d'ouvrir, de conserver, et par conséquent, de faire siennes, toutes les correspondances adressées au vendeur et qui ont trait à l'exploitation de son commerce.

Le tribunal civil de la Seine, par un jugement du 25 juillet 1891, rapporté dans *Le Droit* du 31 octobre suivant, a fait également application de ces principes, en décidant que l'acquéreur d'un fonds de commerce, antérieurement exploité par une société en nom collectif, a le droit de se dire le successeur des associés et de recevoir les lettres portant l'adresse de la raison sociale, sous laquelle était désignée leur société. Ici, comme nous le supposions dans une précédente hypothèse, des difficultés peuvent se produire entre les parties sur le caractère ou l'objet des lettres adressées au vendeur, qui peut prétendre qu'elles n'ont pas trait aux affaires de la maison qu'il a vendue ou de la charge qu'il a cédée ; le conflit sera évidemment tranché par les tribunaux, souverains appréciateurs, en pareil cas, de toutes les circonstances de fait. Il serait imprudent de leur tracer des règles. Le tribunal de commerce de Nantes, saisi d'un litige de cette nature, décida que le nom du destinataire prime les titres ou qualités, exacts ou non, dont ce nom est suivi. Cette décision, critiquée par certains auteurs, nous paraît devoir être approuvée. Il n'est pas douteux, en effet, que l'indication du nom ne soit l'élément capital dont le juge ait à tenir compte ; car l'expéditeur, en le désignant sur l'adresse, a manifesté par là même qu'il avait bien en vue, avant tout, cette personne et lui écrivait à ce titre.

20. Il peut se faire que la question de propriété des lettres, dans les cas ci-dessus, présente un caractère d'urgence. On peut alors en saisir le juge des référés, qui aurait le droit, non de la trancher, mais de nommer un séquestre, avec mission d'ouvrir et de faire parvenir aux intéressés la correspondance ou d'en attribuer la possession provisoire à l'une des parties en cause, en attendant qu'il soit statué sur la question de propriété.

SECTION III. — **Des droits des parties intéressées.**

21. Nous avons à rechercher maintenant quels sont les droits des intéressés dans la propriété des lettres missives.

Si l'on ne perd pas de vue que toutes les lettres se divisent en lettres confidentielles et lettres dépourvues de ce caractère, que la majorité des lettres rentre dans la première catégorie, on peut ranger sous quatre faces l'étude des droits des parties.

On peut distinguer en effet :

A. *Le droit au respect du secret* ;

B. *Le droit à la détention matérielle* ;

C. *Le droit de propriété littéraire ou scientifique* ;

D. *Le droit à l'autographe*.

C'est dans cet ordre que je vais reprendre ces idées et

consacrer à chacune d'elles les développements qu'elle comporte.

22. A. — Le fondement du droit au respect du secret des lettres se trouve dans une convention tacite, intervenue entre l'auteur et le destinataire. Celui-ci, en recevant une communication qui lui est personnellement adressée, et en acceptant la lettre où elle est contenue, est présumé acquiescer à un engagement que le signataire lui propose, à savoir de ne pas faire connaître, tant qu'il n'y est pas autorisé, le contenu de la missive. Il lui est loisible de ne pas prendre cet engagement, en refusant la lettre ou en ne l'acceptant que sous réserve du droit de ne pas être tenu au secret. Mais, en l'acceptant purement et simplement, il adhère à la convention proposée. La sécurité des rapports privés est à ce prix. Seulement toute lettre n'impose pas le secret, et la renonciation du signataire à en exiger l'observation peut être expresse comme aussi s'induire d'autres circonstances dont l'appréciation devient une pure question de fait. C'est ce qu'il nous faut rechercher à présent (Cass., 15 février 1906; *Gaz. Trib.*, 27 mars 1906).

23. Et d'abord, il va de soi que l'obligation d'en respecter le secret existe, essentiellement, pour toute lettre d'une nature confidentielle. Tout le monde l'admet. Mais, on est loin de s'entendre sur le critérium permettant de reconnaître ce caractère à une correspondance ; la cour de cassation avait décidé, dans des arrêts de principes, en date des 4 avril 1821, 5 mai 1858 et 21 juillet 1862, que toute lettre adressée à des tiers doit être considérée comme confidentielle à l'égard de celui qui les détient (D. *Rép.*, Lett. miss., n° 24 ; D. P. 58.1.209, D. P. 62.1.521).

23 *bis*. C'était admettre, on le voit, des présomptions en vertu desquelles une missive qui se trouvait présenter certains caractères devait toujours être réputée confidentielle. Cette doctrine avait été trouvée trop absolue, et les tribunaux l'ont en général rejetée, au moins dans les termes où elle est formulée.

24. M. Labbé, dans une note du Sirey (année 1877.1.161), enseigne qu'on doit considérer comme confidentielle « toute lettre qui n'est pas écrite en vue de créer un titre au profit du destinataire contre l'expéditeur ». Cette idée n'a pas été suivie par la pratique, malgré l'autorité de celui qui l'avait proposée. C'est qu'elle avait le tort grave de faire rentrer dans la catégorie des lettres confidentielles un grand nombre de missives auxquelles la pensée des parties n'a jamais entendu attribuer ce caractère. Il est vrai que M. Labbé se bornait à créer une présomption, toujours susceptible d'une preuve contraire. Mais il n'en restait pas moins vrai que sa formule péchait par une trop grande généralité.

25. Suit-il de là que nous devions écarter tout critérium *à priori* et nous borner à dire que la confidence étant une chose essentiellement relative, c'est là un point qui rentrera dans les pouvoirs d'appréciation de fait des tribunaux. Je serais peu disposé à l'admettre, car tout le monde sait qu'une latitude excessive laissée au juge ne va pas sans de réels inconvénients. Ses décisions seront nécessairement empreintes d'un arbitraire, contre lequel il me paraît sage, quand la chose est possible, de protéger les particuliers. Tel magistrat verra une confidence là où un autre déclarera que la lettre exprime des vérités courantes, des idées connues de tout le monde. Je préférerais, avec M. Dalmbert (1), considérer toutes les lettres, en principe, comme confidentielles, ce qui obligera le destinataire à prouver, s'il veut utiliser la lettre, en disposer, se comporter, en un mot, comme un propriétaire, et notamment n'en pas respecter le secret, à établir que celle-ci ne rentre pas dans cette catégorie.

Mais ce serait peut-être aller trop loin dans un sens opposé.

26. Ne pourrait-on pas dire que toute lettre qui ne touche pas à des intérêts d'ordre exclusivement pécuniaire, soit entre l'auteur et le destinataire, soit entre l'un d'eux et un tiers, doit être considérée comme confidentielle ? Je ne me dissimule pas que cette formule ne supprime pas absolument le pouvoir d'appréciation des juges. Mais, du moins, elle le limite et le rend moins arbitraire dans son exercice. Le tribunal devra rechercher l'objet en vue duquel la lettre a été écrite, et s'inspirer, pour trancher ce point, si un doute s'élève, des termes employés, de l'intention de l'auteur, des rapports qui existent entre lui et le destinataire (2).

27. Une autre définition a été donnée encore. On a dit : il y a confidence toutes les fois que le signataire n'aurait pas écrit ce qu'il a écrit, s'il avait su que le contenu de la lettre dût être divulgué. C'est peut-être l'idée la plus précise qui ait été exprimée. Mais qui prononcera, en cas de difficulté, sur le point de savoir si le signataire eût ou n'eût pas écrit sa lettre, s'il eût pu prévoir la divulgation ? Le juge, évidemment. On le voit, il faut toujours en revenir à son appréciation personnelle.

(1) Note sous Rouen, 9 novembre 1893, S. 94.2.41.
(2) Comp. Rennes, 24 février 1894, *Gaz. Pal.*, 29 juin 1894.

28. Si c'est chose délicate de préciser le critérium permettant d'attribuer le caractère confidentiel à une correspondance, il est très aisé, par contre, de donner une énumération des lettres non confidentielles.

29. Tout d'abord, une lettre anonyme n'est jamais une lettre confidentielle. Cela tient à ce que son auteur, refusant de se faire connaître, ne peut mettre aucune condition au transfert de propriété de sa lettre, et, dans notre opinion, transfère nécessairement cette propriété, puisqu'il se prive de tout moyen de revendiquer la lettre. Ajoutons que l'auteur d'une lettre anonyme n'a pas, le plus souvent, comme le remarque M. Legris, de plus vif désir que celui de voir le destinataire la divulguer (Trib. police Paris, 6 juillet 1904 ; *La Loi*, 9 juillet 1904).

30. Devons-nous en dire autant d'une lettre renfermant des injures à l'adresse du destinataire, ou d'une personne que l'auteur savait lui être chère ? On l'admet à peu près unanimement. Dans l'opinion courante, cette idée se justifie par cette considération que l'auteur n'a pu compter sur le secret que garderait une personne à laquelle il n'écrit que pour l'injurier. Eût-il expressément manifesté ce désir, il devait savoir que le destinataire se refuserait à y souscrire. Le destinataire devient donc propriétaire, avec tous les droits que cette qualité comporte, des lettres injurieuses qui lui sont adressées. Tel est aussi notre sentiment : le caractère injurieux de la lettre est destructif de toute idée de confiance ou de communication d'ordre intime, qui suppose, au contraire, des rapports tout amicaux et bienveillants (Orléans, 29 juillet 1896, S. 96.2.248 ; Bourges, 30 octobre 1899, S. 1900.2.38 ; Toulouse, 9 avril 1906, *Gaz. Pal.*, 26 octobre).

31. Nous pouvons citer encore l'hypothèse prévue par l'article 29 du Code d'instruction criminelle. Ce texte est ainsi conçu : « *Toute autorité constituée, tout fonctionnaire ou officier public, qui, dans l'exercice de ses fonctions, acquerra la connaissance d'un crime ou d'un délit, sera tenu d'en donner avis sur-le-champ au procureur du Roi, près le tribunal, dans le ressort duquel ce crime ou délit aura été commis ou dans lequel le prévenu pourrait être trouvé, et de transmettre à ce magistrat tous les renseignements, procès-verbaux et actes qui y sont relatifs.* »

Il va de soi que cet article vise seulement les fonctionnaires ou officiers publics qui ne sont pas chargés par leurs fonctions mêmes de la recherche, de la poursuite ou de l'instruction des crimes et des délits ; il vise, en d'autres termes, tous les fonctionnaires ou officiers publics autres que les officiers de police judiciaire. Si, dans leur service, ces fonctionnaires ont connaissance d'un crime ou d'un délit, il leur est enjoint d'en donner avis sur-le-champ au procureur de la République. Il résulte bien de là qu'une lettre écrite à un fonctionnaire public, en cette qualité, et dans laquelle on pourrait voir la trace d'un crime ou d'un délit, ne pourrait, en aucun cas, être considérée comme confidentielle, l'auteur lui eût-il attribué expressément ce caractère. Mais il ne faut pas aller plus loin et prétendre que l'on ne peut pas considérer comme confidentielles les lettres, quelles qu'elles soient, adressées à des fonctionnaires publics. C'est étendre à tort une disposition, déjà rigoureuse, puisqu'elle déroge au droit commun.

Ajoutons qu'on ne voit pas, à ce texte, d'autre sanction possible, qu'une sanction disciplinaire.

32. On décide généralement que toutes les lettres écrites par un homme public, en cette qualité, ne peuvent plus, dès qu'il est mort, être considérées comme confidentielles. Cette homme appartient, en effet, à l'histoire (Pouillet, *Traité de la propriété littéraire et artistique*, n° 389 ; Hanssens, *op. cit.*, p. 243-244).

33. Le droit au respect du secret existe encore au profit du signataire pour toute lettre même non confidentielle, quand il en a expressément manifesté le désir, ou quand, à raison de certaines circonstances, même extrinsèques à la lettre, il doit être présumé avoir voulu que celle-ci ne fût pas communiquée.

34. Enfin, le droit au secret résulte, dans un certain nombre de cas, de la qualité du destinataire. Nous voulons parler des personnes qui, par état ou par profession, reçoivent des communications de la part d'autres personnes. Si elles sont appelées devant la justice, elles peuvent se refuser à révéler l'objet de la communication reçue, qu'elles soient citées par la partie publique ou qu'elles le soient par l'accusé. A plus forte raison ne peuvent-elles pas communiquer à des tiers des lettres qui leur sont adressées en leur seule qualité, ou à l'occasion de l'exercice de leur profession. Il n'est aucunement nécessaire qu'intervienne ici un contrat spécial. Il suffit qu'il existe une relation entre le contenu de la lettre et la qualité ou la profession de son destinataire ; et cette relation est toujours présumée, sauf la preuve contraire (1).

(1) Il serait fort à souhaiter dans ce cas que l'article 907 du Code de procédure dans sa première partie fût étendue par la jurisprudence à ces professions et que le droit des tiers fût sauvegardé au moyen

Quelles sont ces personnes? On peut citer les médecins, chirurgiens, officiers de santé, pharmaciens, sages-femmes, les prêtres, les avocats, avoués, agréés, les notaires, les magistrats, et autres tenues elles-mêmes au secret par état ou profession, conformément à l'article 378 du Code pénal (Trib. Seine, 2 janvier 1907, *Gaz. Pal.*, 3 janvier).

34 *bis*. Dans toutes ces hypothèses, si le destinataire viole le respect dû au secret de la lettre, il s'expose à une action en dommages-intérêts, fondée sur l'inobservation d'une obligation, mise à sa charge par un contrat exprès ou tacite auquel il a donné son consentement. Cette obligation était une obligation de ne pas faire ; il suffira à l'expéditeur d'établir qu'elle a été violée pour que la responsabilité du destinataire soit encourue (Art. 1145, C. civ. — V. cependant : Seine, 3 février 1905, *Gaz. Trib.*, 21 juin 1905) (1).

On ne pourrait pas songer à faire ici application de l'article 187 du Code pénal ; car ce texte n'incrimine et ne punit que le fonctionnaire, l'agent du gouvernement ou de l'Administration des postes qui s'est rendu coupable du fait d'ouverture ou de suppression d'une lettre confiée à la poste. Le même fait commis par tout autre individu ne constitue donc aucun délit et rentre dans la classe des faits

de l'apposition des scellés en cas de mort ou de disparition de ces fonctionnaires qui détiennent quelquefois de redoutables secrets.

(1) Le respect du secret existerait-il, pour des lettres dans lesquelles leur auteur exposerait à un homme politique (un député) des idées ayant un caractère également politique. Le tribunal de Clermont (Oise) vient de répondre affirmativement (Jugement du 17 février 1907). Les circonstances dans lesquelles la publication de ces lettres avait eu lieu m'inclineraient à l'opinion contraire. L'auteur et le destinataire étaient l'un et l'autre candidats aux élections législatives de mai dernier, dans la même circonscription.

immoraux que la loi n'a pas voulu punir. Mais il en est autrement si un particulier coopère, par une participation accessoire, à l'un des actes prévus par ce texte et commis par un fonctionnaire ou un agent. Les règles sur la complicité lui deviennent alors applicables.

35. B. — Le second droit, avons-nous dit, que les intéressés peuvent prétendre exercer sur une lettre missive, c'est le droit à la détention matérielle. La lettre, en effet, peut se décomposer en deux choses : il y a l'écrit, le morceau de papier, l'objet matériel, et il y a la pensée conçue et exprimée, l'idée que ce papier révèle. En droit, il faut séparer ces deux éléments. Mais, en fait, ils se confondent, et de là, un conflit peut naître entre l'auteur et le destinataire. Lequel des deux peut légitimement soutenir que l'exercice du droit à la détention matérielle lui appartient exclusivement? Nous supposons que la difficulté s'élève entre eux, et non, le décès de l'un d'eux étant survenu, entre les héritiers de celui-ci et l'auteur ou le destinataire survivant? Posée ainsi, la question me paraît devoir être résolue au profit du destinataire, et je ne crois pas qu'il y ait aucune distinction à faire, à ce point de vue, entre la nature du contenu des lettres. Celles-ci, fussent-elles confidentielles, dans le sens le plus étroit, le signataire ne serait pas reçu, à moins d'une stipulation contraire et expresse de sa part, à réclamer la possession de l'écrit. C'est qu'en révélant une confidence à l'autre partie, l'auteur a fait confiance à celle-ci, et tant qu'il ne peut pas se prévaloir d'un acte constituant, de sa part, un manquement à la confiance qu'il lui a témoignée, il ne me paraît pas que sa demande en restitution de l'objet matériel soit fondée. On me répondra peut-être que, dans le système auquel je me suis ratta-

ché sur la propriété des lettres missives, il faut considérer le destinataire comme un simple dépositaire toutes les fois qu'il s'agit de lettres d'une nature confidentielle, et que le dépôt implique le droit, pour le déposant, de réclamer, quand il lui plaît, la restitution de la chose déposée. Cette remarque est fondée ; mais, dans le cas qui nous occupe, elle est sans portée.

Il s'agit, en effet, dans cette hypothèse, d'un dépôt qui intéresse à la fois le déposant et le dépositaire. En faisant, par l'intermédiaire d'une lettre, une communication d'un caractère intime à quelqu'un, je suppose nécessairement que cette personne a un intérêt à avoir connaissance de l'objet de cette communication, intérêt d'une nature quelconque, moral ou matériel, il n'importe ; je m'engage, dès lors, tacitement, sous la seule condition qu'elle ne manquera pas aux devoirs que lui impose le caractère de ma communication, à la laisser en possession du secret confié. Or, si je pouvais, à ma guise, lui retirer la détention matérielle de ma lettre, en réalité, je lui retirerais la communication révélée, puisque je lui enlèverais la seule preuve qu'elle puisse avoir et que j'ai consenti à lui donner du contrat intervenu. Et d'ailleurs, les choses doivent se passer comme si les deux intéressés étant rapprochés, la communication confidentielle eût pu être faite oralement. Eh bien, dans ce cas, comment l'auteur en pourrait-il retirer la possession à l'autre ? Le décès seul du destinataire, nous le verrons plus loin, change la situation, et de même que, dans l'hypothèse d'une confidence faite oralement, il emporte avec lui le secret, de même, si une lettre a dû être employée pour le lui révéler, cette lettre doit être restituée à l'auteur par les héritiers ; mais, c'est là un point sur lequel nous aurons à nous étendre assez longuement dans la section suivante.

36. C. — Le troisième droit que les intéressés peuvent faire valoir sur les lettres missives, c'est le droit de propriété littéraire. Avant de nous demander auquel des deux, auteur ou destinataire, il faut l'attribuer, il y a lieu de rechercher si les lettres missives en sont susceptibles ; en d'autres termes, si les écrits de cette nature rentrent dans les œuvres de l'esprit, que l'on désigne communément sous cette expression, un peu impropre, et que des jurisconsultes appellent, d'une façon bien plus exacte et plus appropriée, les droits d'auteurs.

37. — En 1825, une commission avait été chargée d'élaborer un projet de loi sur les droits d'auteurs. Des hommes éminents en faisaient partie, et les procès-verbaux des séances qu'elle a tenues nous font connaître leur opinion sur cette question. Portalis disait : « Relativement aux lettres, aucun droit ne peut être réservé à qui que ce soit sur leur publication ultérieure : cette défense doit être faite en vue de la tranquillité publique » (1). Il envisageait le côté intime que présente presque toujours une lettre, et il voulait protéger l'une ou l'autre des parties, entre lesquelles ont été échangées des pensées toutes confidentielles, contre les surprises pénibles qu'une publication serait de nature à leur causer.

38. — C'est bien cette idée qu'exprimait, de son côté, Lamartine (2), et qu'il développait dans son rapport sur le projet de loi de 1841 : « Nous avons considéré, écrit-il, qu'en déterminant d'avance la propriété des correspondances des auteurs morts ou vivants, nous courrions le risque

(1) *Procès-verbaux*, p. 27 et 216.

(2) Worms, *Etudes sur la propriété littéraire*, t. II, p. 153 ; Pouillet, *Propriété littéraire et artistique*, p. 317.

d'autoriser un droit de publication que la morale publique réprouve, ou de défendre un usage légitime que les convenances ou la nécessité commandent quelquefois. Nous n'avons voulu ni le défendre, ni le permettre ; nous avons mis les lettres dans une catégorie à part ; ce sont des manifestations confidentielles, dans lesquelles l'homme et non plus l'écrivain, se livre lui-même à la confiance, et non plus à la publicité, sans aucune vue de lucre. Les lettres ne forment pas à nos yeux une propriété dont la condition puisse être réglée par une loi fiscale, mais une personnalité gouvernée et défendue par les lois écrites sur la diffamation, sur l'abus de confiance, et, par les lois non écrites de la morale, de la délicatesse et de l'honneur. On n'écrit pas la législation de la conscience publique, on la lit dans l'opinion et dans les mœurs : le déshonneur en est la pénalité. »

Ces idées ont influé sur des écrivains et des jurisconsultes qui ont proposé une distinction : s'agit-il des lettres ordinaires qu'il faut, en principe, considérer comme confidentielles : elles ne sont pas susceptibles d'un droit d'auteur, ainsi que le voulaient Portalis et Lamartine. S'agit-il, au contraire, de lettres présentant un caractère scientifique ou littéraire, ou qui ont été écrites avec l'intention qu'elles fussent publiées : elles sont susceptibles du droit d'auteur et rentrent dans la propriété littéraire.

Cette théorie fut admise et défendue par de nombreux auteurs allemands, à l'occasion du projet de publication de la correspondance de Gœthe et de Schiller, en 1828 (1), et elle avait déjà recueilli, en Angleterre, l'adhésion de Godson. Il semble logique, en effet de séparer les lettres qui, par la nature de leur contenu autant que par la valeur littéraire de

(1) Hanssens, *op. cit.*, p. 297.

leur auteur, peuvent être regardées, lorsqu'elles sont réunies en grand nombre, comme constituant un véritable ouvrage littéraire, de celles qui n'abordent que le terrain des affaires ou celui de l'amitié et ne sauraient, par suite, présenter le caractère, même réunies, d'une composition littéraire susceptible d'un droit d'auteur. Nous verrons que cette distinction a été développée par l'avocat de la République, Meynard du Franc, lors du célèbre débat auquel donna lieu le projet de publication des lettres échangées entre Benjamin Constant et Mme Récamier.

39. Mais la doctrine la plus généralement acceptée en France repousse, ici encore, toute distinction et enseigne que les lettres missives, quelles qu'elles soient, doivent être assimilées aux autres productions de l'esprit, au point de vue du droit d'auteur et de la publication, qui en est une suite (1).

La question ne se pose, dans notre système, que pour les lettres non revêtues du caractère confidentiel, puisque ces dernières ne sont pas, avons-nous dit, la propriété du destinataire, mais restent entièrement et sous tous les rapports, dans le patrimoine de l'auteur.

Nous avons donc à exposer la théorie qui soumet les lettres missives aux diverses lois qui régissent la propriété littéraire. Nous verrons ensuite les applications que la jurisprudence a été appelée à en faire.

40. L'homme a certainement la propriété de son intelligence, de ses facultés ; il doit être propriétaire de tout ce

(1) Renouard, *Droits d'auteurs*, t. II, nos 169, 47 et 54 ; E. Blanc, *Contrefaçon*, p. 78 ; Calmels, *Contrefaçon*, p. 435 ; Pouillet, *Prop. litt.*, n° 23.

qui est un produit de son esprit, un fruit de la mise en œuvre de cette intelligence. La pensée exprimée, rendue visible en quelque sorte dans une lettre par un effort de l'esprit constitue une production du travail intellectuel de son auteur. Or, les lois de 1793 et de 1886 visent et protègent toutes les productions de l'intelligence, en garantissant à l'auteur la propriété des écrits « en tous genres ». Les écrits épistolaires sont donc, à l'égal des autres productions de la pensée, frappés par le droit d'auteur. « Il n'est pas, en effet, dit M. Hanssens, un exemplaire de la conception qui porte mieux le cachet de la personnalité dont elle émane, le reflet de ses plus intimes sentiments, l'empreinte de son labeur. Dès lors, pourquoi distinguer (1) ? »

« L'écrivain de la lettre, par cela même qu'il a donné aux idées dont elle se compose une forme particulière, a, sur cette œuvre, envisagée à son point de vue littéraire, un véritable droit d'auteur, dit à son tour M. Pouillet ; en adressant cette création de son esprit à un tiers, il n'abdique pas pour cela son droit d'auteur ; il le garde par devers lui et le transmet, par suite, à ses héritiers : il se forme un contrat tacite entre lui et le destinataire, et ce contrat tacite a précisément cette réserve pour objet. Tel est, à nos yeux, le sens formel du contrat. »

41. En d'autres termes, envoyer une lettre c'est en transférer la propriété, mais une propriété restreinte et conditionnelle ; les pensées exprimées restent à l'auteur qui les a conçues et leur a donné leur forme. S'il n'a pas envisagé leur publication et ne s'est point exprimé à cet égard on demeure dans le droit commun de la propriété littéraire.

(1) Hanssens, *loc. cit.*, p. 278, 299.

42. On peut faire remarquer encore qu'il importe à l'intérêt général que chacun puisse écrire sans redouter de voir ses pensées les plus intimes livrées un jour, sans son assentiment, à la malignité publique, et que, d'autre part, il intervient une convention tacite entre l'auteur et le destinataire de la lettre : une lettre est écrite pour être lue, non pour être publiée.

Ces motifs justifient la solution que nous développons, et c'est pourquoi il n'y a pas à distinguer entre les lettres confidentielles et celles qui n'ont pas ce caractère. Si l'ordre public, en effet, ou l'engagement tacite du destinataire ne peuvent pas être invoqués pour ces dernières, il reste vrai que l'auteur a conservé la propriété littéraire, le droit incorporel, appelé droit d'auteur, et seul il a l'exercice de ce droit ; il n'aura pas toujours, ainsi que nous le verrons plus loin, les moyens de le mettre en œuvre pratiquement, parce qu'il s'est dessaisi de l'objet matériel sur lequel il a fixé et traduit ses pensées. Mais cela n'influe en rien sur le droit en lui-même. Bref, et pour conclure, la lettre missive est considérée, par l'opinion la plus répandue, comme une œuvre de l'esprit, comme un écrit protégé par les lois sur la propriété littéraire, lois de 1793, de 1866 et décret du 1er germinal an XIII.

43. Nous étudierons, dans le chapitre suivant en traitant des effets de la propriété de la lettre, tout ce qui a trait à la divulgation et à la publication de la correspondance.

44. D. — Le dernier droit des intéressés à l'égard des lettres missives a trait à leur valeur intrinsèque, indépendamment de leur contenu. Il est certain que beaucoup de missives n'ont de valeur qu'à raison de ce fait qu'elles émanent de personnes célèbres ou de personnes qui nous sont chères. Dès lors, c'est l'élément purement matériel qui domine. Le contenu en est indifférent et l'auteur ne s'y est certainement pas attaché d'une manière particulière. La lettre vaut alors à titre d'autographe. A notre avis, le destinataire en devient, en ce cas, exclusif et plein propriétaire ; il pourrait en tirer profit par une vente ou toute autre cession, à titre onéreux. Elle passe à ses héritiers ; elle peut faire l'objet de legs particuliers et elle a une valeur vénale dont il y aura lieu de tenir compte pour le calcul de la réserve et de la quotité disponible. Bref, l'auteur, en se dessaisissant du papier, en transfère au destinataire la propriété avec tous ses avantages. Il sait que la seule valeur autographique préoccupe le destinataire ; il n'y a plus, dès lors, place à une prétention touchant le caractère confidentiel. Mais cela suppose qu'il ne s'élève pas de difficulté sur les intentions respectives du signataire et du destinataire (Voir notamment l'arrêt du 23 décembre 1901, analysé ci-dessous, intervenu sur pourvoi contre un arrêt de Besançon, affaire de Fitz James contre de Marmier).

CHAPITRE II

DES EFFETS DE LA PROPRIÉTÉ DES LETTRES MISSIVES.

45. Si l'on admet, avec l'opinion communément enseignée, que les lettres missives sont, en principe, et sauf les exceptions résultant de conventions contraires, expresses ou tacites, la propriété du destinataire, on reconnaîtra à celui-ci les avantages du droit de propriété. Dès le moment où la lettre est parvenue entre ses mains, le dessaisissement de l'auteur est définitif, et la transmission s'opère. Le destinataire peut donc conserver la lettre ou la détruire à son choix ; il peut la céder entre vifs à titre onéreux ou à titre gratuit, et son cessionnaire pourra s'en prévaloir comme il eût pu le faire lui-même (Trib. comm. Marseille, 5 sept. 1890, *Recueil de Mars.*, Delobre, 1890.1.25). Si la lettre lui est dérobée, il aura les droits d'une personne volée, l'auteur de la soustraction fût-il l'expéditeur, pourvu, dans ce dernier cas, que le fait constitutif du délit se produise postérieurement à la réception de la lettre. Le destinataire pourra, de même, réclamer des dommages-intérêts, pour réparation du préjudice matériel ou moral que toute atteinte à son droit serait de nature à lui causer (1) (*Gaz. Trib.*, 13 oct. 1891 ; *Le Droit*, numéro du 27 mai 1904). C'est l'application du droit commun.

(1) Voir dans la *Gazette du Palais* du 19 février 1907, un arrêt du Tribunal des conflits du 13 février 1907, relatant un cas de remise de lettre à un homonyme du destinataire.

46. Mais il ne faut pas méconnaître que la propriété d'une lettre missive est une propriété *sui generis*, à raison de la nature, de l'objet ou du but d'une lettre ; et c'est pourquoi le droit commun devra être écarté ou modifié, dans plusieurs hypothèses, qu'il est nécessaire de mettre en relief. Nous résumerons, sous trois idées essentielles, ce que la pratique et la doctrine ont dû accepter d'exceptionnel, en cette matière qui se sépare si profondément, qu'on le veuille ou non, des principes qui régissent la propriété. En d'autres termes, nous rattacherons nos explications à l'examen des points suivants :

1° *Droit de divulgation et de publication des lettres* ;

2° *Leur transmission héréditaire* ;

3° *Le droit de saisie sur les lettres.*

SECTION I. — Communication. — Divulgation et publication des lettres.

47. Si l'on se rappelle la définition que nous avons donnée de la confidence, on est naturellement amené à décider que la lettre qui la contient n'est pas susceptible d'être connue d'un autre que du destinataire. C'est la volonté évidente de son auteur. Par suite, la simple communication de cette lettre est interdite au destinataire, à peine d'engager sa responsabilité. Ceux-là mêmes qui attribuent au destinataire la propriété d'une lettre confidentielle, doivent accepter cette solution parce que la transmission en a été faite sous cette condition, imposée par celui-là même de qui elle émane. Au contraire, il est des lettres qui pourront être communiquées, soit à un tiers, soit à une famille, sans que le destinataire s'expose aux reproches de l'auteur. Ses intentions, à cet égard, ressortiront de ses rapports avec le destinataire et du but qu'il a poursuivi, en écrivant sa lettre. Si des difficultés surgissent, le juge appréciera, en fait, les circonstances. Tel est le droit, à envisager la simple communication, qui suppose la divulgation isolée d'une ou plusieurs lettres.

Mais quel sera-t-il, si l'on considère le droit de publication, c'est-à-dire celui de faire un choix des lettres, de les coordonner, de les réunir en volume et de faire mettre en vente les divers exemplaires de l'ouvrage édité ?

Dans bien des cas, ce serait le profit le plus précieux qu'on pourrait tirer de la possession des lettres. Le besoin de curiosité, plus vif, semble-t-il, aujourd'hui qu'il ne fut à d'autres époques, entoure d'une faveur singulière tout ce qui nous fait connaître, sous leur jour intime, l'homme d'Etat, l'écrivain, le savant, la femme célèbre. Mais, le désir d'apporter à l'histoire les précisions dont elle vit, les renseignements, pris au jour le jour, qui lui permettront un jugement équitable sur les hommes publics, explique, mieux encore, croyons-nous, cette faveur dont jouit la publication des mémoires et des correspondances, auprès du public lettré, à qui elle s'adresse plus particulièrement (1).

48. La question a été plusieurs fois soumise aux tribunaux pendant la seconde moitié du XIXe siècle, et il est d'un haut intérêt d'exposer et d'analyser les décisions qu'ils ont eu à rendre. Cette jurisprudence avait été précédée elle-même par les savants et précieux travaux des auteurs les plus en renom.

Si les lettres dont le destinataire prétend effectuer la pu-

(1) Voir les grands quotidiens : *Le Journal*, Correspondance de Gambetta ; *Le Matin*, Lettres de Gabriel Syveton (Numéros de décembre 1906).

blication sont confidentielles, il n'est pas douteux qu'il outrepasse ses droits. C'est d'évidence, si l'on admet, avec nous, qu'il n'est qu'un dépositaire, tenu à restitution, lors de son décès au plus tard. Mais, il faut admettre qu'il en sera de même pour des lettres dépouvues de tout caractère confidentiel. C'est la conséquence de l'opinion qu'avec la grande majorité des écrivains et des jurisconsultes nous avons admise, dans le précédent chapitre, concernant le droit de propriété littéraire sur les lettres missives. Il réside sur la tête de l'auteur, et qu'importe, dès lors, la nature du contenu de la lettre, s'il est constant que le destinataire ne peut pas prétendre à la propriété littéraire, à ce droit incorporel qui, en l'absence d'une convention expresse ou de présomptions résultant de circonstances graves, précises et concordantes, ne peut appartenir qu'à l'auteur des lettres.

49. Qu'il s'agisse même de lettres dans lesquelles l'auteur d'une découverte scientifique ou d'un ouvrage littéraire fait connaître au destinataire quelques unes de ses idées ou de ses conceptions, nous n'en devrons pas moins refuser à ce dernier le droit de publication. M. l'avocat général Baudouin dit très justement à cet égard (1) : « S'il s'agit de ces communications qui, par leur objet et leur mérite, donnent aux lettres la valeur d'une œuvre littéraire ou scientifique, une telle correspondance n'entre pas d'elle-même dans le domaine du destinataire. C'est l'auteur qui, par la création de la valeur même, a droit sur elle ; la connaissance qu'il transmet de son invention, la communication qu'il fait de son œuvre, n'est pas, sans sa volonté particulière, l'aliénation de son droit ; il ne transmet que ce qu'il abandonne. »

(1) *Op. cit.*, p. 11.

50. La jurisprudence a eu plusieurs fois, disions-nous, l'occasion de statuer sur ce droit de publication des lettres missives, et les décisions qu'elle a successivement rendues sont intéressantes à connaître. On remarquera que la plupart ont été prononcées à propos de lettres confidentielles. C'est qu'il est peu de lettres que les destinataires ou leurs cessionnaires désirent livrer à la publicité, en dehors de cette catégorie.

51. Le premier et le plus célèbre des procès où s'agita cette question fut celui auquel donna naissance l'annonce de la publication des lettres adressées par Benjamin Constant à Mme Récamier. Le journal *La Presse*, dans son numéro du 30 juin 1849, faisait savoir qu'il allait faire paraître, en feuilleton, un certain nombre de lettres d'un caractère tout intime écrites par Benjamin Constant à Mme Récamier ; cette dernière avait, peu de temps avant sa mort, donné ces lettres à l'une de ses amies, Mme Collet, avec laquelle le journal était tombé d'accord au sujet du droit de publication. Dès que fut connue cette nouvelle, Mme Lenormant, nièce et héritière de Mme Récamier, assigna Emile de Girardin, en qualité de gérant du journal *La Presse*, et Mme Collet devant le tribunal civil de la Seine pour qu'il leur fût fait défense de donner suite à la publication qu'ils avaient annoncée. Les exécuteurs testamentaires de Mme Récamier intervinrent dans l'instance et prirent des conclusions identiques, bien qu'on ne voit pas en quoi le mandat dont ils étaient investis et dont la loi trace les limites précises, leur créait un intérêt à se joindre à ce procès. Mme d'Estournelles, sœur et héritière de Benjamin Constant, prit, en cette qualité, des conclusions tendant aux mêmes fins, mais les considérations invoquées par elle

différaient de celles qui servaient de base aux prétentions de la dame Lenormant. Elle soutenait que l'auteur seul d'une lettre confidentielle a le droit de la publier et que, par suite, son assentiment ou celui de ses héritiers est indispensable au destinataire pour effectuer cette publication. Les débats eurent, devant le tribunal d'abord, devant la cour ensuite, l'ampleur et l'importance que comportait la question qu'ils soulevaient, et le talent des maîtres qui la discutèrent. L'acte par lequel Mme Récamier s'était dessaisie de la copie des lettres de Benjamin Constant et en avait investi Mme Collet, comportait, ce me semble, son assentiment à ce que la publication en fût possible. Cet acte portait, en effet : « Je donne à Mme Louise Collet la copie des lettres de Benjamin Constant, me confiant à elle, pour en faire l'usage qu'elle jugera le plus honorable pour sa mémoire, mais avec la condition que ces lettres ne pourront être communiquées ni publiées qu'après ma mort. Cette preuve de confiance étant toute personnelle, si contre toute vraisemblance, je survivais à Mme Collet, la copie de ces lettres me serait rendue et redeviendrait ma propriété. » En présence des termes de cet acte dont la précision est poussée jusqu'à ses dernières limites, on se demande comment le tribunal a pu examiner longuement le point de savoir si le droit de publication avait été concédé par Mme Récamier. Mais, ce qui enlève tout doute, à cet égard, c'est la restriction même qu'apporte la donatrice à l'exercice de ce droit ; elle veut que la communication ou la publication n'ait lieu qu'après sa mort ; quant au mode de publicité, elle en fait juge et seul juge la dame Collet, en la sagesse de laquelle elle a toute confiance, et nul tribunal n'avait le droit, à notre avis, de discuter la nature du mode choisi pour effectuer cette publication.

52. La question était autre et l'arrêt, en réformant, dans certaines de ses parties, la décision des premiers juges, l'a posée nettement et l'a tranchée, en des termes et par des considérants qui méritent d'être rapportés :

« Attendu, dit la cour, que présidait alors le premier président Troplong, qu'une lettre confidentielle n'est pas une propriété pure et simple dans les mains de celui à qui elle a été écrite : que le secret qu'elle renferme est un dépôt dont ce dernier ne peut seul disposer ; qu'en livrant sa pensée à un tiers, dans une correspondance, une personne peut mettre pour condition à cet acte de confiance, qu'il restera renfermé dans le domaine de l'intimité ; que cette condition a tous les caractères d'un pacte véritable ; qu'elle est même virtuellement renfermée dans toute lettre missive d'une nature confidentielle ; que si, contre le vœu de cette convention tacite, le secret d'une lettre était divulgué, ce serait non seulement manquer aux engagements naturels de ce genre de rapports, mais porter l'inquiétude dans le commerce privé et briser un des liens de la société des hommes ; — Considérant que ces principes ne reçoivent pas d'exception, alors même que l'auteur d'une correspondance confidentielle aurait rempli un rôle public ; que, quelque étendus que soient les droits de l'histoire sur les personnages qui relèvent d'elle, ils doivent s'arrêter devant le sanctuaire du for intérieur ; qu'il peut y avoir, dans la vie privée des hommes publics, des sentiments, des affections, des épanchements que le respect de soi-même et des autres leur fait ensevelir dans le mystère ; que l'intérêt des familles a le droit de veiller sur ce domaine inaccessible et de le défendre contre les empiètements d'une indiscrète publicité ; que c'est surtout lorsque les passions contemporaines ne sont pas encore refroidies qu'il leur importe de s'opposer à des publications dont le résultat serait de troubler la mémoire des morts dans ce qu'ils ont voulu emporter avec eux, d'exciter les malignités de la polémique, de blesser des tiers et d'altérer le culte des souvenirs et des affections domestiques ; — Considérant que la correspondance dont il s'agit au procès est une collection de lettres confidentielles écrites par Benjamin Constant à la veuve Récamier ; que celle-ci était liée par le pacte synallagmatique de ne les rendre publiques qu'avec le consentement de leur auteur ; que ce consentement n'a jamais été donné par Benjamin Constant ; que la veuve Récamier ne pouvait donc les livrer à la publicité, ni par elle-même, ni par mandataire, ni de son vivant, ni après sa mort ; que c'est ce qu'elle a reconnu elle-même, dans une circonstance où elle a déclaré que ces lettres n'étaient pas de nature à être publiées ; qu'il suit de là que tout pouvoir qu'elle aurait donné dans un but de publication, soit par son testament, soit par tout autre acte, irait au delà de son droit, bien qu'il fût dicté par de bonnes intentions, et ne saurait produire d'effet, en présence de l'opposition formelle de la sœur de Benjamin Constant qui représente ce dernier... »

Le motif principal qui a inspiré la décision que nous venons de reproduire se trouve dans la nature confidentielle de la correspondance échangée entre l'auteur et le destinataire. Est-ce à dire que si cette correspondance eût été reconnue ne pas présenter ce caractère, la cour de Paris eût admis que le destinataire avait le droit de la publier sans qu'il eût à justifier du consentement de l'auteur ? Je ne le pense pas. Car, ainsi que nous le disions, ce qui s'oppose à la publication par le destinataire, c'est que l'auteur ne s'est pas dessaisi de la propriété littéraire, du droit incorporel sur des pensées conçues et exprimées par lui. Mais, dans l'affaire qui donnait lieu à l'arrêt de 1850, le caractère intime des lettres a été particulièrement mis en relief, parce qu'il fournissait l'argument le plus solide à la solution qui se trouvait consacrée.

53. On a pu remarquer, par la lecture des considérants de cette décision, que le rôle public rempli par un homme pourrait être de nature à modifier les principes concernant le droit de publication des lettres qu'il a écrites. En d'autres termes, l'homme public appartient à l'histoire après sa mort, cela est certain. En faut-il conclure que les destinataires des lettres dont il est l'auteur, et auxquelles on ne pourrait reconnaître aucun caractère confidentiel, auraient le droit de les publier sans l'assentiment de ses représentants ? Je serais porté à répondre affirmativement. Par cela même qu'il se consacre à la chose publique, un homme admet et accepte, me semble-t-il, que le peuple dont il a, dans une mesure plus ou moins grande, guidé les destinées, puisse scruter jusque dans sa pensée, pénétrer dans ses sentiments, et porter ainsi sur son œuvre et ses actes, un jugement impartial et équitable. Ses lettres, dès lors qu'elles ne sont pas d'un caractère intime, appartiennent, comme son œuvre, à l'histoire.

54. Le tribunal de la Seine, en 1864, eut à se prononcer sur cette même question du droit de publication des lettres, à propos d'un procès intenté par les héritiers du père Lacordaire à l'abbé Henri Perreyve, légataire particulier de tous les papiers et correspondances laissés par le célèbre dominicain. C'était dans les termes les plus généraux et les plus larges qu'était conçu le legs fait par le père Lacordaire au profit de l'abbé Perreyve. Ce dernier réunit en volume un certain nombre de lettres adressées par le père Lacordaire à des jeunes gens et en effectua la publication. Le frère du testateur prétendit s'opposer à cette publication, en se fondant sur ce que le legs n'avait transmis au légataire qu'un simple droit de possession. Le tribunal a rejeté avec raison cette prétention. Le legs ne comportait ni restriction ni réserve, quant à la nature du droit que son auteur avait entendu attribuer au légataire sur les choses qui en faisaient l'objet. Dès lors, le légataire, devenu plein propriétaire, pouvait se passer du consentement des héritiers de l'auteur des lettres pour en opérer valablement la publication. Les destinataires eussent pu, peut-être, de leur côté, en alléguant des questions de personnalité, s'opposer à cette publication. En fait, cette opposition ne se produisant pas, le tribunal a déclaré licite la publication, l'intention du père Lacordaire de laisser seul juge de ce point l'abbé Perreyve, ressortant, d'une manière certaine, des termes mêmes du codicille : « Je donne le tout, y est-il dit, à M. l'abbé Henri Perreyve, comme un témoignage de ma confiance dans l'élévation de son esprit et dans une amitié qui ne m'a jamais failli. »

Le tribunal n'avait pas, pour appuyer sa décision, à invoquer l'absence de tout caractère confidentiel dans les lettres que l'abbé Perreyve avait publiées. Il a cru devoir ajouter cette considération aux arguments qui ont inspiré son jugement. Mais, je ne pense pas que celui-ci eût été différent si la correspondance eût été de nature confidentielle (D. P. 64.3.112).

55. Citons encore l'intéressant jugement émané du même tribunal de la Seine, première chambre civile, dans l'affaire relative à la publication de la correspondance de Sainte-

Beuve. Ce jugement reconnaît et affirme : « que le droit de propriété littéraire s'applique aux lettres missives comme à tous autres écrits et que celui qui en est l'auteur peut seul les publier à son gré et pour son profit ; que le destinataire, bien que propriétaire de la lettre, en tant qu'objet corporel, n'est pas propriétaire de l'œuvre qui y est renfermée et ne saurait prétendre la livrer à la publicité, à moins que l'auteur ne l'y ait autorisé expressément ou tacitement » (Voir *La Loi,* numéro du 21 juin 1883 ; voir également C. Bordeaux, 2 août 1882, *Gaz. Trib.*, 14 novembre 1882 ; Paris, 11 juin 1875, Pataille, *Dictionnaire de la propriété industrielle, artistique et littéraire*, 75.332 ; C. Dijon, 18 février 1870, *ibid.*, 70-107).

Voir, plus récemment, un jugement du tribunal correctionnel de la Seine, 9e chambre, qui a statué sur une poursuite en diffamation intentée contre Juven, éditeur, Sattler et Klotz, et Mme Hoffer, à l'occasion de la publication des lettres adressées à cette dernière qui fut, on s'en souvient, l'heureuse gagnante du premier gros lot de la loterie de la Presse. Ces lettres, dont quelques-unes pouvaient être intéressantes, dont toutes, sans nul doute, étaient intéressées, parurent en un volume. Deux des personnes dont les missives y figuraient agirent par voie de citation directe devant la juridiction répressive (*Gaz. Trib.*, 17 et 25 février 1906).

56. Dans l'ordre d'idées qui nous occupe, je tiens à citer enfin une décision qui n'a pas été rendue par nos tribunaux, mais qui émane d'une des hautes juridictions anglaises, où siègent en général des magistrats éminents, des jurisconsultes de la plus incontestable valeur. C'est un arrêt de la Haute-Cour de justice d'Angleterre, en date du 27 novembre 1897. Voici, en peu de mots, les faits qui ont donné naissance au litige : M. Labouchère, directeur du journal *Le Truth*, ayant appris que son confrère M. Hess, éditeur de l'*African critic* se proposait de publier des lettres intimes, écrites par lui, Labouchère, à un de ses amis, M. Sala, décédé en 1895, traduisit Hess et la veuve Sala devant la Cour, pour qu'il leur fût fait défense de réaliser cette publication. Le fait de la possession de plusieurs lettres par Hess a été reconnu. La veuve Sala déclara qu'au moment de son mariage, M. Sala lui avait fait présent de tous ses manuscrits et lettres. Du vivant de son mari, elle avait, d'accord avec lui, disposé d'une partie de ces écrits pour se procurer des ressources. Elle ajouta qu'elle n'était pas de connivence avec Hess dans la publication qu'il annonçait, et que, parmi les lettres qui lui restaient, elle se proposait d'en choisir quelques-unes pour les faire figurer dans une biographie de son mari qu'elle allait faire paraître. M. Hess soutenait qu'il était en droit de publier les lettres de M. Labouchère, achetées à Mme Sala, attendu que lui, Labouchère, avait publié, dans un numéro du *Truth*, une lettre qu'il lui attribuait et dont la reproduction était suivie du commentaire suivant : « On peut voir, par sa propre correspondance, que l'individu en question (M. Hess) est un drôle de la pire espèce, ne reculant devant aucune vilenie pour mettre quelques livres sterling dans sa poche, aux dépens de ses complices. »

Les questions que ce procès posait au juge étaient, comme on le voit par ce court exposé, assez nombreuses :

Le destinataire d'une lettre ou son cessionnaire peuvent-ils la publier sans le consentement de l'auteur ?

Le pourraient-ils, s'ils fournissaient à l'appui de cette publication des motifs légitimes ?

Si l'auteur des lettres a lui-même publié des lettres qu'il disait être du destinataire et que celui-ci ne reconnaît pas, a-t-il fait naître un motif légitime l'empêchant de s'opposer à la publication de ses propres lettres ?

L'auteur d'une lettre confidentielle peut-il demander qu'il soit interdit, soit au destinataire, soit au détenteur de ladite lettre, d'en donner communication à des tiers, ou d'en divulguer le contenu ?

Le juge anglais résout toutes ces questions, explicitement ou implicitement, dans sa remarquable décision que l'on trouvera reproduite *in extenso* dans le *Sirey*, année 1899, IVe partie, jurisprudence étrangère, page 9.

Retenons-en seulement, quant au point qui nous occupe, qu'elle dénie très fermement au destinataire le droit, en principe, de publier les lettres qu'il a reçues. Il en avait été décidé ainsi quand il s'était agi d'éditer et de vendre un ouvrage où se trouvaient des lettres de Swift à Pope, et dans l'affaire relative à la publication des lettres du dernier lord Chesterfield.

57. C'est donc l'auteur des lettres missives qui seul peut les publier ou en autoriser la publication. A son décès, son droit passe à ses successeurs et il le leur transmet comme il l'a possédé de son vivant.

58. On a pourtant contesté cette solution, et l'on a soutenu que le décret du 1er germinal an XIII sur les ouvrages posthumes garantit le destinataire contre toute poursuite de la part des héritiers ou successeurs de l'écrivain, et lui attribue, en cas de publication, les mêmes droits que ceux reconnus à l'auteur. Je ne puis accepter cette idée. Pour que le décret de germinal fût applicable au possesseur d'une lettre missive, il faudrait que ce possesseur en fût propriétaire à un titre quelconque. Or, il n'a pas sur cette lettre le droit d'auteur. Il a, si l'on veut, le manuscrit, l'autographe ; mais il n'a pas la propriété des pensées qu'il révèle et exprime et la mort de l'expéditeur n'a rien pu changer à la nature de son droit.

59. La commission de 1825, dont nous avons parlé plus haut, avait admis, elle aussi, qu'au décès de l'expéditeur le droit de publication passait, non à ses héritiers, mais au destinataire. Elle appliquait, dans ce cas, la règle bien connue de l'article 2279 du Code civil : « *En fait de meubles, la possession vaut titre* ». C'est une erreur manifeste, car cette règle ne vise que les meubles corporels et elle est inapplicable à la propriété littéraire, droit immatériel, non susceptible de la transmission manuelle, sur laquelle est fondée la prescription instantanée.

60. Mais si l'auteur seul ou ses héritiers ont le droit de publication, en fait l'exercice de ce droit sera, le plus souvent, paralysé par l'absence de copie de ses lettres et le refus du destinataire de les livrer. Cela est possible ; mais l'obstacle peut disparaître et si nous supposons, soit que l'auteur ait conservé le souvenir de leur contenu, soit qu'une circonstance quelconque le mette ou mette ses héritiers en possession de leur texte, ils exerceront sans que nul puisse s'y opposer, le droit de publication. Je réserve toujours, bien entendu, les questions de personnalité ou d'intérêt privé que le destinataire peut soulever, et qui, en cas de désaccord, recevraient une solution judiciaire.

61. — De ce que nous venons de dire, il résulte que le destinataire peut avoir acquis de l'auteur ou de ses représentants le droit de publication, Ce sera à lui, en ce cas, à apporter la preuve de l'existence d'une convention non équivoque. Cette convention, au surplus, pourra être expresse ou tacite. Si elle est expresse, sa portée sera plus ou moins large.

Ou bien l'autorisation implique, par ses termes, un abandon complet du droit ; le possesseur de la lettre sera dans la même situation que l'auteur : il jouira d'un privilège lui permettant de poursuivre les contrefacteurs ; il sera propriétaire dans les termes des lois de 1793 et de 1866, ainsi que du décret de germinal an XIII, dès l'instant où, usant du droit à lui cédé, il livrera la lettre à la publicité ;

Ou bien, au contraire, la convention, par ses termes est exclusive de toute renonciation de la part de l'auteur ou de ses successeurs, à leur droit à la propriété littéraire et, en ce cas, le possesseur de la lettre acquiert seulement la permission de la publier, sans que les avantages attachés à la qualité de propriétaire lui appartiennent ; il en résulte que si l'auteur ou ses successeurs la publiaient eux-mêmes à leur tour, le destinataire ne saurait leur en faire grief et exercer contre eux, pas plus que contre des tiers, l'action en contrefaçon.

62. Il se peut aussi que l'autorisation accordée au destinataire soit tacite, qu'elle résulte des circonstances. La même distinction devra être faite quant aux effets qu'elle est appelée à produire, et l'on ne peut refuser aux juges, dans ce cas, une latitude d'appréciation très étendue. Les circonstances de la cause, la nature de la correspondance, les relations des parties seront pour eux les éléments principaux de décision. Il faudra toutefois constater l'existence d'un commencement de preuve de la volonté de l'auteur ou de ses représentants. Les présomptions n'auront toute leur force qu'à cette condition.

Dans le jugement du 20 juin 1883, mentionné plus haut, relatif à la correspondance de Sainte-Beuve, les magistrats de la première chambre ont vu dans le fait de la part de l'auteur de n'avoir conservé ni brouillon, ni copie de ses lettres, un critérium de son assentiment à leur publication. Cette idée serait juste si l'auteur des lettres, lorsqu'il les a écrites, devait envisager l'éventualité de la publication. On pourrait, à bon droit, lui dire que s'il n'en a pas conservé un double, c'est qu'évidemment il autorisait le destinataire à les livrer à la publicité. Mais est-ce là le fait ordinaire ? Qui donc, lorsqu'il écrit une lettre, entrevoit et envisage que celle-ci sera publiée ? Il s'abandonne et s'épanche ; il se livre à un confident de qui il sait qu'il sera compris ; dans ces épanchements de l'amitié les mots trahissent et dépassent la pensée, et que de lettres, si elles étaient livrées à la publicité, feraient porter sur leurs auteurs un jugement contre lequel protestent les actes de toute leur vie !

Il n'est donc pas exact, ce nous semble, de prétendre que le fait de n'avoir conservé ni brouillon, ni copie, est un critérium « presque infaillible » de la volonté de l'auteur, au point de vue d'un abandon de ses droits.

63. Mais, ce qui est certain, c'est que, privés de la lettre, l'auteur ou ses représentants sont dans l'impuissance de la publier et, dans certains cas, si cette situation ne recevait un correctif, on aurait à constater « un grand mal, sans nul profit ».

Mais une telle conséquence est peu à redouter. Car, l'intérêt commun du destinataire et de l'auteur ou de leurs représentants leur commande d'entrer dans la voie d'accords, donnant satisfaction à leurs intérêts respectifs. Le possesseur de la lettre dira à l'écrivain, ou plutôt à son représentant, car ces questions ne s'élèveront que bien rarement du vivant de l'auteur : sans vous, je n'ai pas le droit de publier ; mais, sans moi, vous n'en avez pas le moyen ; donnez-moi l'autorisation de publier et, en échange, je vous mettrai en mesure d'exercer votre droit ; l'entente se fera presque fatalement sur le pied d'un partage des bénéfices à provenir de la publication ; ou bien encore le destinataire achètera tous les droits de l'auteur.

Si, contre toute vraisemblance, l'accord ne peut s'établir, le destinataire attendra l'expiration du délai de 50 années fixé par la loi de 1886 comme limite extrême du droit de l'auteur, et il pourra, à ce moment, faire paraître les lettres et invoquer le bénéfice des dispositions protectrices du décret du 1er germinal an XIII, sur les œuvres posthumes.

SECTION II. — **Transmission héréditaire.**

64. Le second effet de la propriété des lettres missives a trait à leur transmission héréditaire. Ici encore, de graves difficultés s'élèvent, suscitées toujours par la nature toute spéciale de ce droit de propriété. Le destinataire vient à mourir et la correspondance est en sa possession. Fait-elle partie de la masse de ses biens, et se transmet-elle à ses héritiers, selon les règles ordinaires ? Distinguons deux cas :

a) Il s'agit de lettres qui ne peuvent être considérées comme confidentielles. Nulle difficulté : la transmission s'en opère du destinataire à ses héritiers. Mais on conçoit que la nature spéciale de ce bien souffrira malaisément l'application des règles générales concernant l'attribution et le partage des choses héréditaires, au cas de concours de plusieurs successibles.

La question avait déjà, dans notre ancien droit, attiré l'attention des jurisconsultes. Ils s'accordaient, assez généralement, pour confier à l'aîné de la famille la correspondance et les papiers domestiques trouvés dans la succession. On voyait là des objets qui devaient échapper, à raison de leur nature, aux principes qui gouvernaient les transmissions par décès et à l'égalité qui était une des règles essentielles des partages héréditaires (1). Comment diviser des objets aussi indivisibles? Comment faire, de l'ensemble d'une correspondance, des lots égaux? Aussi, l'aîné, considéré comme continuant, plus que les autres, la personne de l'auteur, était-il tout désigné pour recevoir seul les biens de cette catégorie. Son privilège, qui n'existait que pour la ligne directe, était, dans quelques provinces, étendu à la ligne collatérale, au profit du plus proche parent (2).

On ne trouve, dans le Code civil, aucune disposition spéciale touchant cette question ; le législateur a pensé sans doute que les héritiers s'entendraient le plus souvent pour la régler, selon les convenances, qui sont l'élément dominant, dans une matière toujours un peu délicate et d'un caractère intime.

Mais il se peut que les cohéritiers ne parviennent pas à tomber d'accord sur le mode de répartition des lettres et des papiers. Comment procéder?

65. Certains auteurs admettent qu'il y a lieu de recourir à l'application des principes ordinaires. Les papiers domestiques et la correspondance font partie de la masse des biens

(1) On voit ici s'affermir l'analogie que nous signalions (n° 35, note) avec la propriété du tombeau.

(2) Lebrun, *Succ.*, liv. IV, chap. I, n° 45 ; Pothier, *Succ.*, chap. II, sect. I, § 9 ; Denisart, V° *Droit d'aînesse*, § 2, n° 6.

laissés par le *de cujus*. Or, aux termes des articles 832 et suivants du Code civil, tous les objets composant le patrimoine successoral doivent entrer dans la masse à partager, sauf un texte contraire qui, en l'espèce, n'existe pas. Le partage se fera en nature ou par licitation, avec ou sans concours d'étrangers, selon ce que décidera la justice, en cas de désaccord des cohéritiers ; le plus souvent sans concours d'étrangers. N'est-ce pas le procédé que des décisions de jurisprudence ont appliqué pour les titres de noblesse ou les tableaux de famille ? (1) On en a ordonné la licitation, mais entre les cohéritiers seulement (2). Pourquoi ne ferait-on pas de même à l'égard des lettres missives ? Il est vrai que certaines de ces lettres peuvent être des lettres intimes, et on conçoit difficilement leur mise en vente aux enchères publiques. Mais il suffit d'observer que, dans cette hypothèse, les héritiers seront seuls admis à prendre part aux opérations de la licitation, qui n'est, après tout, rendue nécessaire que par leur désaccord. Cette opinion est combattue, et l'on a proposé de recourir, lorsque les circonstances l'exigeront, à l'application à notre hypothèse, de l'article 842 du Code civil.

Aux termes de ce texte : « *Après le partage, remise doit être faite à chacun des copartageants des titres particuliers aux objets qui lui seront échus.*

« *Les titres d'une propriété divisée restent à celui qui a la plus grande part, à la charge d'en aider ceux de ses copartageants qui y auront intérêt, quand il en sera requis.*

« *Les titres communs à toute l'hérédité seront remis à celui que tous les héritiers ont choisi pour en être le déposi-*

(1) Paris, 3 mars 1896, D. P. 96.2.54.

(2) Lyon, 20 décembre 1861, S. 62.2.305 ; C. Paris, 19 mars 1864, S. 64 2.170.

taire, a la charge d'en aider les copartageants, à toute réquisition. S'il y a difficulté sur ce choix, il est réglé par le juge. »

M. Legris (1), qui adopte cette solution, y voit « un moyen très juridique de trancher la difficulté ».

66. J'éprouve au contraire une réelle hésitation à m'associer à cette manière de voir. Il s'agit, ne l'oublions pas, de lettres missives. Or, si quelquefois, de tels écrits constituent des titres, est-ce qu'il en est ainsi le plus souvent ? Et l'article 842, en parlant de titres communs à toute l'hérédité, vise, sans nul doute, des actes, ou, d'une manière plus large, des écrits qui constituent une preuve intéressant toute l'hérédité, parce que chacun des cohéritiers peut, à un moment ou à un autre, avoir besoin d'y recourir pour sauvegarder ses droits. Ce qui prouve que tel est bien le sens de cette expression, c'est que le législateur met, comme condition à la remise à un seul des héritiers, que celui-ci consentira à en aider ses copartageants, à toute réquisition. J'ajoute que cette disposition, à raison de son caractère un peu exceptionnel, ne peut pas être étendue, par analogie, à des hypothèses que certainement elle n'a pas entendu régler. Si nous écartons l'application de l'article 842, c'est pour nous rattacher à l'opinion exposée en premier lieu. Elle a l'avantage de ne pas soumettre les lettres missives à une situation particulière, et les héritiers qui sauront à quelles conséquences les expose un défaut d'entente sur la répartition à en faire, ne laisseront pas vraisemblablement se produire ce regrettable dissentiment.

67. Aussi ne nous est-il pas possible d'approuver un arrêt de la cour de Toulouse, qui décide qu'en présence

(1) Legris, *Op. cit.*, p. 130.

de plusieurs héritiers ou légataires universels, l'héritier réservataire doit être préféré aux héritiers non réservataires pour recevoir la garde et le dépôt des lettres missives trouvées dans la succession du *de cujus.* Comment expliquer cette préférence accordée à l'héritier réservataire, quand le *de cujus* lui-même, par les legs universels qui figurent dans son testament, a nettement manifesté qu'il entendait lui retirer toute la portion de biens dont il lui était possible de le priver. N'est-ce pas la preuve que ses sympathies n'allaient pas à cet héritier, et pourquoi le légataire universel, objet de l'affection du *de cujus* se voit-il privé, sinon de la propriété, du moins de la possession de la correspondance ?

La cour de Besançon, et la cour de cassation après elle, dans une affaire de Fitz-James, contre de Marmier, ont rendu des arrêts qui adoptent implicitement notre manière de voir. Le duc de Marmier avait reçu, à titre de legs particulier, de sa grand'mère la duchesse de Marmier, née de Choiseul, tous les papiers de famille. Il avait reçu la délivrance de ce legs particulier ; mais, en fait, dans un acte liquidatif, il était entendu « que ces papiers resteraient en commun entre les ayants droit à la succession pour en jouir indivisément ». La cour décide que cette convention, qui aboutit au maintien d'une indivision perpétuelle, est nulle et de nul effet. Mais elle ajoute que la duchesse de Fitz-James, sœur de de Marmier « lui ayant consenti la délivrance du legs, n'eût pu, à cause de cela, poursuivre la licitation des papiers de famille de son vivant ; que son fils n'a pas plus de droits qu'elle ». J'en conclus que la licitation eût été possible si la mère du demandeur n'eût pas consenti la délivrance du legs (D. P. 02.1.183).

68. *b*) Supposons maintenant que les lettres qui, au

cours de l'inventaire, sont trouvées chez le *de cujus*, présentent un caractère confidentiel, et, comme telles, sont réclamées par leurs auteurs, intervenant, dans les opérations préliminaires, au partage. Une grave question se pose alors pour ceux qui admettent que le destinataire devient propriétaire des lettres même confidentielles. Elle n'existe pas avec le système que nous avons adopté. Il est clair que le *de cujus*, simple dépositaire, pour nous, des lettres revêtues d'un caractère confidentiel, ne saurait transmettre des droits qu'il n'a jamais acquis.

69. Mais que décider dans l'opinion contraire? Il est des cas sur lesquels aucun doute ne peut s'élever. Par exemple, l'auteur de la lettre a expressément stipulé que celle-ci lui serait rendue, après connaissance prise, ou que le destinataire en opérerait la destruction immédiate, ou encore qu'au décès du destinataire la lettre lui ferait retour. Il est bien certain que la lettre ne fait pas partie de la succession du destinataire (Trib. civ. Epernay, 8 janvier 1891, *La Loi*, numéro du 25 janvier).

70. Ces hypothèses écartées, faut-il admettre que le caractère confidentiel d'une lettre missive fera obstacle à sa transmission aux héritiers du destinataire, ou bien, s'en tenant au droit commun, décider que les lettres leur sont acquises comme tout autre bien laissé par le *de cujus* ?

Un arrêt de la cour de Rennes du 10 juillet 1880 (S. 81. 1.193) et un arrêt de la cour de cassation, chambre des requêtes, du 9 février 1881 (S. 81. 1.193) consacrent la première solution, et cette doctrine s'appuie sur des arguments dont on ne peut méconnaître la valeur. On fait remarquer, tout d'abord, que l'auteur d'une lettre confidentielle s'adresse uniquement au destinataire, qu'il connaît tout particulièrement, et sur la discrétion et la délicatesse duquel il sait qu'il peut compter. Il ne connaît pas les héritiers du destinataire, qui sont pour lui des étrangers. Aussi, confie-t-il son secret ou ses pensées intimes à quelqu'un, dont la loyauté lui est connue ; il a la conviction, quand il écrit et envoie sa lettre, que celle-ci sera détruite et ne passera jamais entre d'autres mains que celles du destinataire.

« C'est l'intention de l'auteur de la lettre, qu'il faut interroger, intention à laquelle le destinataire s'est associé, en l'acceptant, ainsi que le dit excellemment la cour de Rennes ; c'est, en effet, l'auteur qui crée la propriété d'une telle lettre, et qui, par cela même, pourvu qu'il agisse sans fraude, a le droit d'imprimer à cette propriété son caractère propre, d'en déterminer les conditions, d'en fixer les limites, et d'en régler l'usage. »

On fait ressortir, en second lieu, et avec une parfaite justesse, l'assimilation complète qui doit être faite entre la confidence écrite et la confidence orale. N'y a-t-il pas, dans les deux cas, un secret d'homme à homme ; si l'auteur n'eût pas été mis dans la nécessité d'emprunter l'écriture pour porter l'expression de sa pensée intime, il se fût évidemment contenté de la parole. Mais, la communication une fois faite, le but, le seul entrevu et voulu, est atteint : et « l'écriture qui en a transmis la communication, s'efface, comme s'évanouirait la parole, la confidence seule devant désormais survivre dans l'esprit de celui qui l'a reçue ».

On observe enfin que l'inviolabilité des correspondances privées et le principe du secret des lettres recevraient une atteinte profonde si des lettres confidentielles étaient transmises aux héritiers du destinataire (1).

71. Tels sont les arguments invoqués par les arrêts qui déclarent intransmissible une correspondance revêtue du caractère confidentiel, et nous ne croyons pas que les partisans de la doctrine contraire y aient victorieusement répondu. M. Labbé, dans une note remarquable, avec ce sens juridique profond et fin qui caractérisait sa manière, a critiqué vivement l'arrêt de cassation de 1881, rendu sur le pourvoi formé contre l'arrêt de Rennes. Ces critiques visaient surtout la mesure d'instruction à laquelle avaient cru devoir recourir le tribunal civil d'abord, la Cour ensuite, pour vérifier le caractère confidentiel allégué par les demandeurs et dénié par les défendeurs à l'instance. C'était une question préjudicielle d'où dépendait le bien-fondé de la réclamation des demandeurs qui soutenaient que les lettres devaient, à raison de ce caractère, leur être restituées. Mais, M. Labbé rejette l'intransmissibilité et il s'applique à réfuter la doctrine admise par les arrêts.

Il écarte, tout d'abord, le principe du secret des lettres qui n'a, dit-il, rien à faire dans la question de la transmissibilité des lettres confidentielles. Il a été écrit en vue de protéger les parties qui échangent une correspondance écrite, contre les tiers, contre les agents chargés du transport des lettres, contre l'autorité administrative, contre les actes d'intrusion de celle-ci dans le domaine de la vie privée. Il a eu pour but de fermer le célèbre cabinet noir de l'ancien régime, que personne ne propose de rouvrir. Or,

(1) Bourgoin, 31 mai 1884, S. *Gaz. Pal.*, 84.2, *Suppl.*, 77; Quimper, 11 mai 1887, *Gaz. Pal.*, 87.1 740 ; Orléans, 29 juillet 1896, S. 96.2.248.

l'héritier n'est pas un tiers : il ne pénètre pas dans le secret d'autrui. Il soutient que les lettres du *de cujus* sont à lui, comme elles étaient au défunt.

Cela est exact et je ne crois pas que la cour de Rennes ni la cour de cassation aient entendu faire découler de ce principe la preuve de l'instransmissibilité des lettres confidentielles. Elles ont simplement énoncé que ce principe ayant un caractère général et s'imposant à tout le monde, des héritiers qui veulent pénétrer dans une correspondance à laquelle son auteur a attribué et avait le droit d'attribuer un caractère intime et tout confidentiel, sous prétexte qu'ils succèdent aux droits du destinataire, aboutissent en somme, à le méconnaître et à le violer. Mais les héritiers ne sont pas des tiers, répond-on ; n'est-ce pas précisément la question ? Nous soutenons que, à raison même du caractère confidentiel, l'auteur n'a pas voulu que sa lettre fût connue d'un autre que du destinataire. Qu'importe, dès lors, la fiction juridique qui fait de l'héritier le continuateur de la personne ? Les héritiers, autres que les descendants, ne succèdent pas aux biens donnés au *de cujus* par un ascendant qui lui survit ? Pourquoi ? Parce que la pensée d'affection qui a dicté la libéralité est essentiellement restreinte au fils donataire et à ses propres enfants ? N'est-ce pas un peu la même chose ici ? L'auteur de la lettre confidentielle l'adresse au destinataire. Il lui confie un secret ; il le connaît ; il sait auprès de qui il s'épanche ; toute autre personne est pour lui un tiers, et il lui refuserait sans nul doute une communication de cette nature. Voilà la réalité du fait qui doit l'emporter sur une fiction juridique ou sur des règles auxquelles les parties restent libres, après tout, de déroger. Et qu'on remarque que la transmission, si elle est admise, pourrait s'effectuer au profit de successibles, parents éloignés du destinataire, dont l'auteur des lettres, le plus souvent, ignore même l'existence.

Après avoir écarté cette idée, M. Labbé fait observer que la transmission à l'héritier dépend exclusivement de la nature et de l'étendue du droit acquis à celui auquel il succède.

71 *bis*. Le destinataire est propriétaire ; il a le droit de conserver ; il n'aurait pas celui de publier, parce qu'il est propriétaire de l'écrit, de l'instrument, non de la pensée et de l'expression. Mais, il aurait le droit d'attribuer les lettres à l'un de ses héritiers, ou de les léguer à un ami ? S'il ne l'a pas fait, elles passent à ses héritiers avec les autres biens. M. Legris (1), qui adopte pleinement cette doctrine, fait remarquer que la théorie de l'intransmissibilité est contraire à l'article 724 du Code civil, à ce principe général en vertu duquel les héritiers sont saisis de plein droit des biens et actions du *de cujus*.

Cette remarque aurait une certaine valeur si la saisine s'appliquait, nécessairement et toujours à tout ce qui se trouve dans le patrimoine d'un défunt. Mais il est des biens qu'elle ne frappe pas, et parmi ceux-là figurent ceux qui n'y sont entrés que sous certaines réserves que pouvait expressément prévoir celui qui les a mis dans son patrimoine. Est-ce que l'auteur d'une lettre confidentielle n'avait pas le droit de déclarer, au bas de sa lettre : prière de me renvoyer cette lettre, ou, veuillez détruire cette lettre sitôt lue. Or, c'est un principe que l'on peut tacitement mettre à un transfert de propriété les conditions que l'on pourrait mentionner expressément. Et si l'on remarque que ces mêmes

(1) Legris, *op. cit.*, p. 134 et 135.

auteurs qui combattent la jurisprudence, sur le point qui nous occupe, sont obligés de convenir que le destinataire ne peut pas divulguer la lettre confidentielle, sans s'exposer, selon les cas, à une action en dommages-intérêts, on peut se demander s'ils sont bien d'accord avec eux-mêmes. Car enfin, la transmission à l'héritier équivaut à une divulgation, à une communication à autrui. Je le demande, qui de nous lorsqu'il écrit une lettre tout intime, n'a pas la certitude qu'elle sera détruite par le destinataire, avant que la mort le frappe. L'héritier qui s'empare de ces lettres contre la volonté de leur auteur, ne profite-t-il pas d'un manquement du destinataire à ce devoir ? et il ne faut pas dire, comme le fait M. Legris (1), que la justice n'a pas pour mission de suppléer à la prudence des particuliers, et que l'auteur n'avait qu'à manifester formellement son désir, s'il voulait éviter la transmission aux héritiers. Posée en ces termes, cette formule est contraire à une pratique constante. Il n'est presque pas de matières aujourd'hui où les tribunaux ne se reconnaissent le droit de dégager des circonstances une intention que ni l'une ni l'autre des parties n'ont, lorsqu'elles ont traité, expressément fait connaître. M. Legris (2) fait encore observer que la doctrine de l'intransmissibilité des lettres confidentielles aboutirait, en fait, à des conséquences qui, prétend-il, en démontrent le mal fondé : « Sous prétexte de reprendre des lettres confidentielles, le revendiquant pourrait faire main basse sur des lettres constituant un titre pécuniaire contre lui. Or, la raison s'oppose à ce qu'il soit mis à même d'anéantir les traces de son obligation et de frustrer les héritiers devenus ses créanciers. »

(1) Legris, *op. cit.*, p. 135.
(2) Legris, *op. cit.*, p. 136.

Avons-nous besoin de faire remarquer que ce danger est chimérique ? Qui donc admet que l'auteur des lettres sera cru sur parole, quand il en réclamera la restitution, sous prétexte qu'elles sont confidentielles ? Il y aura lieu à une vérification, et s'il est malaisé, ainsi que nous le verrons, au chapitre suivant, de déterminer par quel procédé pourra se faire cette vérification, sans que soient sacrifiés les divers intérêts en présence, ce n'est pas une raison pour en conclure que l'auteur pourra, s'il lui plaît, retirer des lettres formant titre contre lui, des lettres, par conséquent, dépourvues de tout caractère confidentiel.

72. Nous concluons donc que la jurisprudence a eu raison de déclarer intransmissibles les lettres confidentielles, résultat qui, pour nous, découle du système que nous avons admis, sur la propriété d'une correspondance de cette nature.

Aussi, faut-il décider que le legs qu'en aurait fait le destinataire pourrait être méconnu par l'auteur des lettres qui, pouvant revendiquer contre les héritiers, le pourrait, *a fortiori*, contre de simples légataires. Faisons encore une remarque avant de quitter ce sujet.

Avec le système de la jurisprudence et celui que nous avons admis, on échappe à une difficulté qui peut, en somme, se produire. Nos adversaires admettent que les lettres confidentielles font partie de la succession et passent, à ce titre, aux héritiers. Or, supposons un héritier réservataire et un légataire universel. Par hypothèse, le patrimoine comprend quelques menus objets mobiliers et ces mêmes lettres. Le legs est réductible, s'il excède le disponible.

Comment s'opérera la réduction ? Comme fera-t-on l'évaluation pécuniaire des lettres ? En opèrera-t-on le partage entre les deux ayants droit? La difficulté à laquelle la disposition exceptionnelle de l'article 917 du Code civil apporte une solution était moins grave que celle en présence de laquelle nous placerait l'hypothèse, heureusement rare, que je viens de supposer.

SECTION III. — **Droit de saisie.**

73. Nous avons enfin, dans la détermination des effets de la propriété des lettres missives, à envisager l'exercice, à leur égard, du droit de saisie, qui appartient aux créanciers. On sait qu'aux termes des articles 2092 et 2093 du Code civil, tous les biens d'un débiteur forment le gage de ses créanciers. Des lois spéciales, fondées sur des raisons d'intérêt général ou sur l'intérêt des services publics, ou encore sur des considérations de décence et d'humanité, et, dans quelques cas exceptionnels, la volonté de l'homme, soustraient à ce gage certains biens limitativement déterminés (art. 1554, C. civ. ; 581, 582, 592, C. proc. civ. ; lois du 8 nivôse an VII et du 21 ventôse an IX ; loi du 12 janvier 1895). Mais il n'y a pas de texte qui place d'une manière expresse les lettres missives ou papiers de correspondance hors du droit commun, au point de vue de la faculté de saisie qui appartient aux créanciers. En faut-il conclure que ceux-ci peuvent les saisir et les faire vendre, conformément aux règles générales du Code de procédure civile ? ou bien, au contraire, la nature spéciale de cette sorte de biens doit-elle conduire à faire admettre, en ce qui les concerne, des règles exceptionnelles quant au droit de saisie ? En pratique, il faut reconnaître que la question ne présentera que rarement un réel intérêt. Car on ne voit pas bien quelle valeur vénale et marchande pourrait avoir une collection de lettres missives. Mais il se peut que cette valeur existe ; elle peut tenir à la notoriété du signataire ou du destinataire, à l'intérêt qui s'attache aux questions qui y sont traitées, à leur importance, comme autographes, pour des amateurs ou des collectionneurs. Eh bien, les créanciers peuvent-ils exercer leur droit de saisie ? On est d'accord pour répondre par la négative d'une façon générale.

74. Si les lettres sont confidentielles, le droit du débiteur est lui-même limité par l'obligation du respect dû au secret, et les créanciers ne pouvant avoir plus de droit que lui, ne peuvent mettre en œuvre une faculté qui aboutirait à violer ce secret. Il ne pourrait en être autrement qu'à la condition que l'auteur de la lettre donnât son consentement.

75. Si les lettres ne sont pas confidentielles, la majorité des auteurs professe la même doctrine. On dit que la valeur vénale faisant défaut à cette sorte de biens, le droit de gage des créanciers ne s'y applique pas. Ce motif même exclut le cas où les lettres ont une valeur vénale à titre d'autographes. Ici, les créanciers les feront saisir et vendre, et la pratique offre plus d'un exemple de circonstances où ce fait s'est produit.

76. En ce qui touche les lettres chargées adressées à leur débiteur, les créanciers sont également sans droit pour faire opérer une saisie-arrêt, dans les bureaux de la poste, sur les valeurs qu'elles contiennent (1). Les règles qui régissent cette voie d'exécution, aux termes des articles 571 et suivants du Code de procédure civile, mettraient les agents

(1) Voir aussi un très curieux arrêt de la cour de Toulouse du 13 mars 1907, *Gaz. Trib.*, 18 avril 1907.

dans la nécessité d'ouvrir ou de supprimer les lettres, d'en violer le secret, délit prévu et puni par le Code pénal (art. 187) (Cons. d'Etat, 13 mars 1874, *Pand. franç.*, 75.3.35 ; Instruct. génér. de 1868, art. 197. — V. également un arrêt de la cour de Bordeaux du 19 novembre 1906, rapporté *Pand. franç.*, 1907. 2.53).

77. Avant d'étudier, avec le chapitre suivant, les règles qui gouvernent la production en justice des lettres missives, il est intéressant de rechercher si les divers principes posés plus haut, touchant leur propriété, les droits des parties, auteur et destinataire, et les effets de la propriété de ces lettres, sont susceptibles de fléchir, dans une mesure plus ou moins grave, lorsque les auteurs ou les destinataires sont placés, en qualité d'incapables, sous l'autorité, la protection ou la direction d'autrui.

Nous avons en vue les mineurs, les interdits judiciaires et les personnes placées dans un établissement d'aliénés, sans que soit intervenu un jugement d'interdiction. Nous laissons à dessein de côté tout ce qui concerne, à ce point de vue, les droits de puissance maritale et les rapports des époux, parce que les difficultés et les intéressantes questions que soulève leur étude trouveront plus naturellement leur place dans le chapitre suivant, relatif à la production en justice de la correspondance.

78. A. — Occupons-nous d'abord des mineurs.

L'enfant peut être soumis à la puissance paternelle, à la puissance paternelle et à la tutelle, si l'un de ses auteurs est décédé, à la tutelle seulement, s'il a perdu ses deux auteurs. Dans les deux premiers cas, le père, ou la mère à défaut du père, sont investis de la puissance paternelle. A ce titre, on ne saurait sérieusement leur contester le droit de prendre connaissance de la correspondance de leur enfant mineur, de la retenir, de se refuser à la lui remettre, tant qu'il n'est pas devenu majeur. Les arrêts et de nombreux auteurs ajoutent que les père et mère pourraient la supprimer ; je réserve ce point, que nous retrouverons bientôt.

Le fondement de ce droit est dans le devoir qui incombe aux parents de diriger l'éducation de leurs enfants, de former leur cœur, d'orienter, dans un sens moral et élevé, les développements de leur esprit. Ces résultats ne pourraient pas être atteints, si un contrôle incessant ne pouvait s'exercer sur la correspondance, dont l'influence est d'autant plus profonde qu'elle s'adresse plus directement à l'imagination et au cœur.

79. Quelques auteurs ont voulu toutefois apporter une restriction aux droits du père. Ainsi M. Vanier admet bien que ce dernier peut faire défense à son enfant de correspondre avec telle ou telle personne, mais il ne lui reconnaît pas le droit, exorbitant, dit-il, de décacheter ou de détruire les lettres qu'il a saisies. Le principe du secret des lettres est absolu ; nul n'a le droit de le méconnaître et de le violer, à moins qu'un texte formel ne l'y autorise.

80. Posée dans ces termes absolus, je crois que cette distinction doit être rejetée. Il n'est pas possible de reconnaître un droit à quelqu'un et de ne pas lui donner tous les moyens de l'exercer efficacement. Or, comment le père de famille protégera-t-il ses enfants contre leur inexpérience ou leur faiblesse, s'il n'a pas le pouvoir d'ouvrir leurs lettres, et de s'assurer, par leur contenu, qu'elles sont dangereuses pour leurs mœurs ou leurs sentiments, ou qu'elles sont, au contraire, inoffensives et peuvent, dès lors, leur être remises. Il ne faut pas apporter d'entraves à ce contrôle, d'autant plus qu'on peut se reposer sur la tendresse des parents, qui écarte toute crainte d'abus dans son exercice. M. Vanier a si bien senti le bien-fondé de cette critique, qu'il n'applique sa formule qu'aux adolescents, et ne l'étend pas aux enfants, que leur trop jeune âge rend incapables de discernement. Cette distinction ruine le système ; car, du moment où l'on se trouve en face d'incapables, la présomption de la loi garde toute sa force, fût-on à la veille de la cessation de l'incapacité.

81. Mais, je serais très disposé à admettre, avec M. Vanier, que le père n'a pas le droit de détruire la correspondance de l'enfant. Qu'il s'agisse de lettres qu'il a écrites, ou de lettres qui lui sont adressées, l'enfant mineur devient dans les deux cas, propriétaire des lettres missives, comme il le devient des autres biens qu'il acquiert par son travail ou autrement. Il n'y a pas de texte qui autorise le père à disposer de la chose de ses enfants, et tous, au contraire, supposent qu'il doit compte à ceux-ci, devenus majeurs, de tout ce qu'il a détenu ou administré, en leur nom et pour leur compte. Pourquoi n'en serait-il pas ainsi des lettres missives ?

Je fais cette constatation pour l'honneur des principes ; car, je ne me dissimule pas que son application, en fait, sera chose malaisée. Comment l'enfant prouvera-t-il qu'il était propriétaire de telles lettres et que son père ou sa mère les ont détruites ? Je doute surtout que les tribunaux veuillent l'écouter, pénétrés qu'ils sont de ce soi-disant « caractère intangible » de la puissance paternelle, qu'ils se plaisent à proclamer, dans tant de jugements, depuis bientôt un siècle.

82. Et ceci nous amène à nous demander quel serait le droit de l'enfant, si nous supposons que, sur le point d'atteindre sa majorité, et tout le monde lui reconnaissant un jugement sûr, un esprit droit, un caractère réfléchi, il demande à correspondre librement. Son père se refuse à lui accorder cette faveur ; il prétend continuer à user de son droit et veut prendre connaissance des lettres de l'enfant. Celui-ci peut-il s'adresser à la justice et lui demander de prendre des mesures pour que l'autorité paternelle ne s'exerce pas abusivement, ou, du moins, avec une rigueur que les circonstances ne justifient plus ?

J'admets, sans hésiter, l'affirmative. Les droits que la puissance paternelle confère au père ne lui ont pas été attribués pour son profit personnel, mais dans l'intérêt de l'enfant. Ils sont un moyen donné pour atteindre à un but défini ; leur exercice suppose l'existence de conditions précises, et si ces conditions font défaut, le père a le devoir de renoncer à mettre en œuvre sa puissance avec une rigueur qui serait contraire aux intérêts de l'enfant. Celui-ci a des droits, en face de ceux de son père, et qui en sont la mesure, en même temps que la raison d'être. La puissance paternelle obéit, en somme, au principe qui régit tous les rapports de droit synallagmatiques, au principe sur lequel repose le droit de rétention et le droit de résolution de l'article 1184. Donc, les tribunaux peuvent intervenir, et faire rentrer, dans une juste limite, l'exercice de la puissance paternelle, à l'égard du contrôle de la correspondance, s'il y a abus caractérisé, ou si l'intérêt même de l'enfant commande cette mesure. Sans doute, il y aura là une appréciation délicate. Ce sera une question de tact, par-dessus tout ; car, il importera d'éviter des froissements, de ménager des susceptibilités. Mais le principe ne nous en paraît pas moins certain.

83. Dans tous les cas, le droit du père de contrôler, dans la mesure qui vient d'être précisée, la correspondance de son enfant mineur, prend fin par l'émancipation de celui-ci. Cette émancipation fait cesser la puissance paternelle, et, par conséquent, ce droit de contrôle qui en dérive. L'article 372 du Code civil ne permet pas le doute sur ce point.

84. Si l'enfant mineur est confié par le père de famille à un instituteur, à un maître de pension, ceux-ci ont l'exercice des droits du père, en vue de l'éducation de l'enfant. Ils exercent ces droits, en vertu d'une délégation qui leur est consentie, et qu'il appartient toujours au père de faire cesser, quand il lui convient (Cass., S. 76.1.97 ; note de M. Labbé).

85. Dans le cas de décès des père et mère, ou quand ceux-ci, par application des dispositions du Code pénal, ou des lois du 24 juillet 1889 et du 13 avril 1898, ont été frappés de la déchéance de la puissance paternelle, le tuteur, investi par la loi ou par les juges du soin et de la garde de la personne, en même temps que de l'administration du patrimoine de l'enfant, aura nécessairement sur la correspondance de son pupille des droits identiques de contrôle et de surveillance (Labbé, *ibid.* ; Tissier, *op. cit.*, p. 48 ; Hanssens, *op. cit.*, p. 256 ; Baudouin, p. 30).

86. S'il y avait abus dans l'exercice de ce droit, ou si le tuteur, dont un dévouement affectueux et éclairé n'inspire pas toujours les actes, négligeait, sur ce point, ses devoirs, il y aurait lieu à l'application de l'article 479 du Code civil, et tout parent ou allié, jusqu'au degré de cousin germain, aurait la faculté de provoquer son émancipation, et de mettre fin à la tutelle.

87. Dans le cas, bien rare en pratique, où un mineur serait attaché à quelqu'un, par le lien de la tutelle officieuse, conformément à la disposition des articles 361 et suivants du Code civil, on s'est demandé quel serait le droit du tuteur officieux sur la correspondance de ce mineur.

La tutelle officieuse imposant à celui qui en a pris la charge, le devoir de nourrir et d'élever le pupille, d'administrer ses biens et de diriger sa personne, il résulte de là que le tuteur officieux doit avoir sur la correspondance de ce pupille, un droit de contrôle que comporte nécessairement son devoir général d'éducation.

Mais, la difficulté peut naître, quand les père et mère, ou le survivant d'entre eux, dont le consentement a été donné pour l'établissement de la tutelle officieuse se prévalant de la puissance paternelle, qu'ils ont conservée, veulent exercer ce même droit de contrôle. Comment régler le conflit ? A notre avis, il n'y a pas d'autre solution possible que celle qui consiste à sacrifier les père ou mère au tuteur officieux. Celui-ci, en effet, a la responsabilité effective du pupille, qui demeure avec lui, il l'élève, il est chargé d'assurer, au mieux possible, sa formation physique et morale. Privé, en droit, de la puissance paternelle, c'est lui, en fait, qui l'exerce. Comment lui refuser les moyens de parvenir sûrement au but même, en vue duquel la tutelle a été par lui demandée et acceptée, et parmi ces moyens figure le droit de surveillance et de contrôle sur la correspondance ; il faut admettre que les père et mère, ont délégué non leur droit, mais l'exercice de leur droit au tuteur officieux. Il agit, en l'espèce, comme leur mandataire, et cette qualité implique la faculté pour les père et mère, de lui demander compte de la manière dont il remplit sa charge, au cas où il se rendrait indigne de la confiance qu'ils auraient mise en lui. La justice aurait à intervenir, pour prononcer, comme conséquence de cette situation, la cessation de la tutelle. Avec cette réserve, tous les intérêts sont sauvegardés.

Il va de soi qu'aucune difficulté de cette nature ne s'élève, si le pupille était soumis à la tutelle ordinaire quand a été instituée la tutelle officieuse.

88. Il se peut, enfin, que des parents, investis sur leur enfant de la puissance paternelle, encourent la déchéance des droits qu'elle leur conférait, par application des articles 1 et 2 et de la loi du 24 juillet 1889, complétée par celle du 5 ou 19 avril 1898. Comme, malgré quelques doutes élevés à cet égard, la déchéance qui les frappe est complète, il suit que le droit de contrôle sur la correspondance de l'enfant cessera de leur appartenir. Si le tribunal a admis, en cas d'indignité du père seul, la dévolution de la puissance paternelle à la mère, il n'y a lieu à aucune difficulté (art. 9, alin. 3).

S'il n'a pas cru devoir admettre cette dévolution, la tutelle s'ouvre, et elle est, de plein droit, déférée à l'administration de l'Assistance publique (art. 11).

S'il s'agit d'enfants moralement abandonnés, ils sont placés sous la tutelle de l'inspecteur des enfants assistés (art. 24). Mais le tribunal peut, dans ces derniers cas, confier la tutelle à la personne qui offre de se charger de l'enfant, et qui en est reconnue digne (art. 14).

89. Dans tous les cas, l'Assistance publique a la faculté, tout en gardant la tutelle, de remettre les mineurs à d'autres établissements et même à de simples particuliers (article 11, § 2. — V. aussi : art. 17).

Des dispositions que formulent ces textes, il résulte que

le droit de surveillance à l'égard de la correspondance du mineur sera exercé par l'administration publique, l'association ou le particulier, qui auront, en fait, la garde de l'enfant et le devoir de veiller à son éducation.

90. B. — En ce qui touche les interdits judiciaires, l'article 509 du Code civil dispose qu'ils sont assimilés aux mineurs pour leur personne et pour leurs biens et que les lois sur la tutelle des mineurs s'appliqueront à la tutelle des interdits. Nonobstant la généralité de ce texte, je n'appliquerai pas sans distinction aux interdits les règles posées plus haut, en ce qui concerne l'exercice du droit de contrôle sur leur correspondance. Il ne faut pas perdre de vue que l'état habituel d'imbécillité, de démence ou de fureur, qui a motivé l'interdiction, peut ne pas être un état permanent. Sans doute, les articles 489 et 502 du Code civil excluent, par leurs termes, la distinction des intervalles lucides et des périodes de folie, et n'autorisent pas, en général, à faire cette preuve. Mais, ils visent les actes de l'interdit, relatifs à ses intérêts pécuniaires, à ses droits de patrimoine, et pour lesquels il peut être représenté. Or, l'échange des lettres est quelque chose de personnel, et ne compromet pas en principe le patrimoine. Rien ne s'oppose, dès lors, à ce que le droit de contrôle cesse toutes les fois que la nature de la maladie ou l'existence d'intervalles lucides fait disparaître le danger, en vue duquel l'interdiction a été prononcée. Il appartient au tuteur de reconnaître ces situations et de renoncer à une surveillance que rien ne justifierait plus ; l'interdit pourrait, en cas d'abus, s'adresser au subrogé tuteur ; le conseil de famille sera convoqué et la déchéance du tuteur serait la conséquence d'un manquement à ses devoirs.

91. — Est-il besoin de faire observer que le tuteur d'un mineur ou d'un interdit ne peut jamais détruire une correspondance, que son droit de contrôle l'a autorisé à intercepter et à ouvrir. Dès que prend fin l'incapacité, il a l'obligation de restituer toutes les lettres sans nulle exception, à notre avis, qu'il détient. Cette obligation serait sanctionnée par une action en réparation du préjudice causé sans droit à l'incapable.

92. C. — Occupons-nous maintenant des personnes qui, sans être interdites, sont placées, en vertu de la loi du 30 juin 1838, dans un établissement d'aliénés. Cette loi, dont on a souvent depuis sa mise en vigueur signalé les imperfections, ne contient aucune disposition particulière concernant les pouvoirs des directeurs sur la correspondance des malades confiés à leurs soins. Faut-il regretter cette lacune ? Je le crois avec la majorité des auteurs. Il est toujours fâcheux que la loi ne soit pas nette et précise sur des points qui touchent à des droits dont l'exercice nous est particulièrement cher. Laisser ce soin aux tribunaux est une regrettable façon de légiférer. Leurs décisions sont nécessairement empreintes d'arbitraire, et l'unité n'en est pas la qualité dominante. Est-ce à dessein que le projet de révision de la loi de 1838 est également muet sur la correspondance des aliénés ? Nous préférons croire à un oubli, et nous espérons qu'il sera réparé dans la rédaction du projet définitif qui sera soumis au vote des Chambres.

93. Mais dans l'état actuel de la loi, quel est le droit du directeur d'une maison de santé à l'égard de la correspondance de ses pensionnaires ?

On ne met généralement pas en doute qu'il peut librement ouvrir et intercepter les lettres qui leur sont adressées, aussi bien que lire celles qu'ils écrivent et refuser de les faire parvenir à leurs destinataires. On fonde ce droit sur le devoir général qui lui incombe de veiller à tout ce qui concerne la cure de son malade. Il est certain qu'il doit être mis au courant de tout ce que fait ce dernier, pour déterminer exactement les résultats de son traitement et le modifier selon les nécessités de la situation. Or, il n'est rien qui reflète mieux le trouble mental, qui en fournisse de plus sûrs indices, que les lettres qui émanent de l'aliéné. Il n'est rien aussi qui soit de nature à lui causer une émotion plus profonde que celles qui lui sont écrites. Le médecin qui ignorerait les unes et les autres, manquerait de l'élément le plus précieux pour diriger, déterminer et approprier le traitement à appliquer à son malade. Cette manière de voir, qui est conforme à la raison, trouve un appui dans la loi. L'article 29, en punissant des peines édictées par l'article 35, le fait de retenir les lettres contenant les réclamations qu'adresse l'interné au procureur du Roi, donne à entendre par *a contrario*, que toutes les autres lettres peuvent être retenues sans que ce fait ait un caractère illicite. La pratique est constante dans ce sens (Voir Dalloz, *Rép.*, V° Aliéné, en note sous le numéro 231 et le rapport présenté par M. le conseiller Bertrand, dans le *Bulletin de la Société de législation comparée*, 1870, p. 63).

94. Mais nous ne pouvons admettre avec une jurisprudence dont les décisions sont d'ailleurs assez faiblement motivées, que le directeur d'une maison de santé a le droit de conserver les lettres qu'il a interceptées et ouvertes. Ce droit ne trouve plus son fondement dans le but en considération duquel nous l'autorisons à prendre connaissance de la correspondance. Cette correspondance est la propriété du malade. Elle doit être restituée à son représentant légal, tuteur ou curateur, à lui-même dès qu'il est guéri, à ses héritiers, s'il décède dans l'établissement, à moins que les lettres présentant un caractère confidentiel ne soient réclamées, dans ce dernier cas, par leurs auteurs, conformément à l'opinion que nous avons admise sur la propriété des lettres confidentielles.

Dans le chapitre suivant nous aurons à examiner la question de savoir si le directeur peut, dans certaines hypothèses, produire en justice les lettres qu'il a retenues à l'effet d'en faire ressortir la preuve de certains faits, qu'il peut se trouver dans la nécessité d'établir.

CHAPITRE III

DE LA PRODUCTION EN JUSTICE DES LETTRES MISSIVES

SECTION I. — Règles générales

95. Nous disions, au début de ce travail, que l'usage de la correspondance s'est de plus en plus répandu de nos jours ; aussi son rôle est-il devenu considérable dans les relations sociales et privées, Il est peu d'affaires dans lesquelles il n'y ait pas eu entre ceux qu'elles intéressaient un échange de lettres pour préciser certains points, modifier certains arrangements ou faire connaître ce que doit être, dans la pensée de chacun, l'accord à intervenir ou la portée d'un accord déjà conclu. C'est dire que dans presque tous les procès, des lettres sont produites aux débats à l'appui des droits les plus divers et dans des affaires de nature très opposée.

Nous devons exposer dans ce chapitre l'ensemble des règles qui gouvernent la production en justice des lettres missives, moins en les considérant sous le rapport de la preuve qu'on peut en tirer, qu'en les envisageant à un point de vue général, et indépendamment de ce but. Même réduit à ces limites, c'est encore un important sujet d'étude qui s'offre à notre examen.

Nous devons étudier les règles générales qui gouvernent la production en justice des lettres missives, en les groupant sous deux catégories ; les unes tenant à des conditions de forme ; les autres à des conditions de fond.

A. — *Conditions de forme.*

96. On peut les ramener à trois. Il faut :

1° Que l'on se trouve bien en présence d'un écrit qui ait cette qualité, et notamment, que cet écrit, produit comme lettre, soit signé ;

2° Qu'il soit soumis à la formalité de l'enregistrement ;

3° Qu'il soit régulièrement versé aux débats.

Il nous faut reprendre successivement chacun de ces points.

97. 1° Un écrit a le caractère d'une missive, disons-nous, par cela seul que son auteur s'y adresse à un tiers et en signe le contenu. La loi n'exigeant, en effet, d'une manière expresse, aucune condition de forme, il n'y a pas lieu de suppléer à son silence, et d'exiger autre chose que la signature de l'expéditeur. Il pourra arriver peut-être que, par suite d'usages suivis généralement, une lettre, pour engager son auteur, doive présenter certaines particularités. Mais c'est là quelque chose d'exceptionnel, et la règle c'est l'absence de toute forme obligatoire. De là, il résulte qu'une correspondance peut être écrite en langue étrangère ou sténographiée ; ce fait n'empêchera pas qu'elle constitue bien une lettre, pourvu que sa traduction en langue française soit faite par un interprète juré, avant sa production en justice (1).

Mais il est essentiel, à notre avis, qu'une lettre soit signée. C'est la signature qui donne, en principe, sa force juridique à un écrit privé, et les lettres, rentrant dans les écrits privés, sont soumises à cette règle générale. Une lettre non signée devrait donc être écartée par les juges, parce

(1) Arrêté du 24 prairial an XI, art. 3.

qu'on ne saurait lui attribuer un caractère que son auteur n'a pas voulu, ou doit être présumé, jusqu'à preuve contraire, n'avoir pas voulu lui donner.

Il faut même décider que la signature doit être manuscrite, conformément à un avis du Conseil d'Etat, du 1er avril 1808. Je crois donc qu'on ne saurait considérer comme un écrit ayant la valeur juridique d'une lettre, celui qui porterait l'empreinte d'une griffe. J'en excepte pourtant le cas où la lettre serait produite contre quelqu'un qui a pour habitude de signer ainsi ses missives ; il est certain qu'on se trouve en présence d'une véritable lettre.

98. Toute lettre doit donc être signée. Elle peut l'être, d'ailleurs, soit par son auteur, soit par le mandataire de celui-ci. Aucune difficulté, si ce mandataire est muni d'un pouvoir régulier et exprès. Mais il arrivera fréquemment, surtout lorsque les lettres produites émaneront d'un commerçant, que ces lettres, au lieu de porter sa signature, seront signées en son nom par un de ses commis. Faut-il décider qu'il n'y a pas lieu de distinguer et admettre, en conséquence, que ce sont bien là des lettres remplissant cette condition de forme, et susceptibles, à ce titre, de produire l'effet recherché par la partie qui les apporte au débat ? Nous le pensons, pourvu, bien entendu, que se rencontrent les diverses circonstances, desquelles on infère, ordinairement, en matière commerciale, l'existence d'un mandat tacite du patron à l'un de ses employés ; c'est dire qu'il n'est nullement nécessaire, comme le voudrait un auteur, que le commis qui a signé, soit muni d'une procuration notariée. Aucun texte ne l'exige, et l'on voit les inconvénients et les embarras que créerait, en pratique, une pareille exigence.

99. Il peut arriver que celui contre qui la lettre est produite et auquel elle est attribuée, en dénie l'écriture et la signature, ou la signature seulement, si le corps de la lettre lui est étranger. En pareil cas, il y aura lieu à l'application de l'article 1322 du Code civil, dont la disposition est générale et s'applique à tous les écrits privés. Rien n'établit, *a priori*, qu'une lettre soit bien l'œuvre de celui à qui on l'oppose. En conséquence, s'il la dénie formellement, ou si ses héritiers déclarent ne pas la connaître, la vérification en devra être ordonnée, conformément aux articles 193 et suivants du Code de procédure civile. Toutefois, si l'auteur de la lettre est un commerçant, les formalités longues et onéreuses de ces articles pourront être, le plus souvent, évitées. Le tribunal, en effet, a le droit d'exiger la représentation du livre du défendeur, appelé, en pratique, copie de lettres, et sur lequel tout commerçant a l'obligation de transcrire les lettres qu'il envoie (art. 7, C. comm.). Il résultera de l'examen de ce livre la constatation que la lettre y figure, et en ce cas son authenticité est prouvée ; ou qu'on n'en trouve pas trace, et, en ce cas, le tribunal aura recours à la vérification d'écriture, à moins qu'un ensemble de présomptions ne fixe tout de suite sa conviction.

100. 2e La seconde condition générale exigée, pour qu'une lettre puisse être produite en justice, c'est qu'elle soit soumise à la formalité de l'enregistrement.

Si, en effet, une lettre missive n'est pas un acte, au sens propre du mot, si elle ne constitue pas un acte instrumentaire, tel que la loi l'entend, au titre de la preuve, dans le Code civil, il est certain qu'elle rentre dans la catégorie des documents visés par l'article 23 de la loi du 22 frimaire an VII, dont l'enregistrement, non obligatoire dans un délai déterminé, devient nécessaire par l'usage qui en est fait, soit dans un acte public, soit en justice.

S'il y avait quelque doute, il disparaîtrait, en présence de la disposition renfermée dans l'article 57 de la loi du 28 avril 1816, qui frappe d'un double droit la lettre missive, émanée du défendeur et formant le titre de la demande, lorsqu'elle n'a pas été enregistrée avant la citation introductive d'instance.

Enfin, l'article 68 § 1, n° 31 de la loi du 22 frimaire an VII, et l'article 43, n° 14 de la loi du 28 avril 1816, frappent d'un droit fixe les lettres qui ne contiennent ni obligation, ni quittance, ni toute autre convention donnant lieu à un droit proportionnel. L'ensemble de ces textes prouve surabondamment que toute lettre, dont il est fait un usage public, doit être enregistrée. Il suffit même qu'il soit fait un usage de la lettre pour rendre le droit exigible. Il ne serait pas indispensable que la lettre eût été matériellement produite (Trib. civ. Seine, 11 mai 1889, *Gaz. Pal.*, 89.2.217). Un tribunal, sous les yeux duquel une lettre serait placée, devrait, en conséquence, conformément aux dispositions des articles 47 de la loi du 22 frimaire an VII et 16 de la loi du 23 août 1871, ordonner, soit sur les réquisitions du procureur de la République, soit même d'office, le dépôt de la pièce produite au greffe afin qu'elle soit, sans retard, soumise à la formalité de l'enregistrement (V. circulaire du Garde des sceaux du 10 novembre 1848). Ces prescriptions sont, je le reconnais, de nature à entraver les débats. Mais leur observation s'impose, car les textes sont formels. En pratique cependant, il est de nombreux tribunaux où elles sont ouvertement violées. On produit les lettres, on en donne lecture, on en discute le contenu, et elles ne sont présentées à l'enregistrement que si les parties persistent à en faire état, et surtout si le jugement les vise. Mais, pour que cette façon de procéder soit possible, il est nécessaire que les lettres qu'on se propose de produire, ne soient pas citées dans des conclusions présentées à l'enregistrement avant leur signification à la partie. Dans ce cas, il y aurait lieu à l'application des dispositions de l'article 56, § 2 de la loi du 22 frimaire an VII (Cass., 8 juillet 1891).

101. 3° La dernière condition requise pour qu'une lettre puisse être produite en justice et y être retenue, c'est qu'elle ait été régulièrement versée aux débats. Nous entendons par là que la lettre doit avoir été visée par la citation, ou si elle est produite au cours de l'instance, que la partie qui veut s'en prévaloir en ait avisé son adversaire, ou lui en offre la communication avant d'en donner connaissance aux juges et d'en analyser le contenu. Les tribunaux sont, avec raison, assez sévères à cet égard, et l'on ne peut qu'approuver leurs décisions.

Ainsi, il a été jugé, dans ce sens, qu'un tribunal ne saurait, pour prononcer un divorce, se fonder sur les indications fournies par un document confidentiel émané de l'une des parties et qu'elle destinait exclusivement à son avocat, alors que ce document ne s'était trouvé mêlé aux pièces du dossier que par l'effet d'une inattention de l'avocat à qui son client l'avait adressé (C. Nancy, 30 janvier 1886, *Gaz. Pal.*, 86.1.574). Il a été également décidé, à bon droit, que les juges n'ont pas à prendre en considération une lettre qui n'a pas été visée par la citation et qui ne se trouve, en fait, versée aux débats que par suite d'une indiscrétion, contrairement à la volonté de son auteur et de son destinataire (C. Amiens, 8 août 1899, *La Loi* du 22 octobre).

102. La cour de Rouen, à la date du 9 novembre 1893

(*Sir.*, 2e partie, 94, p. 41), a rendu dans une affaire intéressante, un arrêt où la question qui nous occupe lui était incidemment ou plutôt, subsidiairement soumise. Voici brièvement résumée, l'espèce jugée par la cour :

La partie appelante avait été traduite devant la cour d'assises et acquittée. Postérieurement, elle avait actionné les intimés devant la juridiction civile, en réparation du préjudice qu'ils lui avaient causé, et, à l'appui et comme justification de sa demande de dommages-intérêts, elle prétendait faire usage, comme moyens de preuve, de lettres d'un caractère intime et confidentiel, que l'un de ses adversaires avait écrites à l'autre. Ces lettres faisaient partie du dossier de la procédure criminelle, et l'accusé, usant du droit que lui confère l'article 305 du Code d'instruction criminelle, avait eu soin d'en faire prendre copie.

Le tribunal de première instance avait rejeté ces pièces du débat. La cour d'appel réforma sur ce point sa décision, en s'appuyant sur les arguments suivants :

La correspondance est parvenue entre les mains du demandeur par les voies légales ; elle a fait partie du dossier d'une procédure criminelle, dont toutes les pièces devaient lui être communiquées, en sa qualité d'accusé. Il y a eu aussi la grande publicité des débats devant la juridiction de jugement ; les lettres ont été lues, autographiées, discutées devant la cour d'assises ; les journaux les ont publiées. L'auteur et le destinataire n'ont pas protesté contre cette publicité ; dès lors leur caractère confidentiel ne s'oppose pas à leur production, puisque les circonstances l'ont en quelque sorte fait disparaître. Le demandeur, qui avait le droit de s'en servir pour repousser l'accusation dirigée contre lui, peut, *a fortiori*, les invoquer, à l'appui d'un intérêt civil et privé, la réparation pécuniaire de son honneur outragé

Mais, et c'est ici que l'arrêt nous intéresse plus particulièrement, on ne trouvait rien dans le dossier de la procédure criminelle, qui établît la présence régulière des lettres dans le dossier. Il n'y avait trace d'aucun procès-verbal de saisie ou de perquisition constatant de quelle manière elles étaient arrivées à faire partie des pièces de la procédure et établissant notamment l'obligation légale où s'étaient trouvés les défendeurs de s'en dessaisir. Elles figuraient dans une chemise portant l'indication, écrite de la main du greffier, qu'elles avaient été remises par Me X..., avocat du destinataire, l'un des intimés. Devait-on considérer ces lettres comme régulièrement versées aux débats ? La cour a répondu affirmativement, et sa manière de voir doit être approuvée. Il résultait, en effet, des circonstances que nous venons de faire connaître, la preuve que l'avocat du destinataire avait spontanément et volontairement offert la remise de ces pièces, avec le consentement de son client et de l'auteur des lettres, puisque ni l'un ni l'autre, présents à l'audience des assises, où lecture en avait été donnée, n'avaient élevé de protestation contre cette publicité, et soutenu que la remise par Me X... avait été faite contre leur gré. Les lettres étaient, dès lors, régulièrement versées aux débats. Car la loi n'a pas à cet égard prescrit de formes particulières, et la constatation de cette condition est un point de fait laissé à l'appréciation des juges (1).

Rapprochons enfin de l'arrêt de Rouen un arrêt de cassation du 28 octobre 1889 (D. P. 90.1.12), qui juge, à bon droit, qu'une lettre primitivement confidentielle a perdu ce caractère, par cela seul que, dans la première phase du

(1) Voir sur cette question : Cass., 19 juin 1895, D. 96.1.20, S. 95. 1.325.

procès, elle a été produite et lue à l'audience, sans que son auteur se soit opposé à cette production et à cette lecture. La lettre est, dès ce moment, versée aux débats et fait partie de la procédure.

103. Telles sont les conditions nécessaires, mais suffisantes, auxquelles doit satisfaire une lettre missive, pour être produite en justice.

Nous en concluons que la lettre peut n'être pas datée. La date, en effet, n'est intéressante qu'au regard des tiers, et une lettre n'a date certaine à leur encontre que par l'un des modes prévus par l'article 1328 du Code civil. L'énumération de ce texte est, selon l'opinion générale, limitative, et l'on ne saurait y ajouter, comme l'ont voulu quelques auteurs et un petit nombre de décisions judiciaires, l'apposition du timbre de la poste, dans le cas où il figurerait, non sur l'enveloppe, mais sur l'écrit lui-même. L'esprit de la loi, dans l'article 1328, est trop contraire à une extension de ce genre. Où s'arrêterait-on, dans cette voie, si l'on s'y engageait ? Mais, entre les parties il est indifférent que la lettre soit ou ne soit pas datée. Car il est vrai toujours que la convention qu'elle relate a pris naissance ou que le fait auquel elle se réfère s'est réellement produit.

B. — *Conditions de fond.*

104. On peut en reconnaître deux : il faut : 1° que la possession des lettres par celui qui les invoque, en justice, ne soit due ni à des manœuvres dolosives ni à une origine irrégulière, même en l'absence de toute mauvaise foi ; 2° que la lettre produite n'ait pas le caractère confidentiel.

Reprenons successivement ces deux points, qui appellent d'intéressants développements :

105. 1° Il est possible, tout d'abord que les lettres soient parvenues en la possession de la partie qui veut en faire usage, à la suite de manœuvres dolosives. Dans ce cas, un obstacle absolu s'oppose à leur production devant les tribunaux, lorsque les manœuvres entachées de dol sont imputables au possesseur. Mais si ce dernier est resté étranger aux faits illicites qui ont privé des lettres leur légitime détenteur, faut-il décider que la production des lettres lui sera également interdite ? On l'admet d'une manière générale et cette solution est tout à fait d'accord avec l'équité. On serait tenté, pourtant, au premier abord, de rapprocher cette situation de celle assez voisine, où un contrat a été conclu sous l'empire du dol. Dans cette hypothèse la partie, qui en a été la victime, est protégée contre l'auteur du dol, mais contre lui seulement. D'où il suit qu'elle ne peut faire annuler le contrat vis-à-vis de l'autre partie qui, nous le supposons, est restée étrangère à tous les faits constitutifs du dol. N'est-ce pas un peu la même chose ici ? Pourquoi le détenteur actuel des lettres verrait-il élever contre son droit d'en faire usage, une fin de non-recevoir tirée d'un dol auquel il n'a pas participé ? Mais à y regarder de près, l'analogie est plus apparente que réelle. Le contractant qui n'a commis aucun fait dolosif, a des droits nés à son profit du contrat qu'il a conclu, et il demande à ne pas être privé d'avantages sur lesquels il a pu et dû compter. Au contraire, le possesseur des lettres puise exclusivement son droit de les produire en justice dans le fait de sa possession, et comme cette possession lui a été acquise au détriment d'une personne à qui elle appartenait légitimement et avec laquelle il n'a pas traité, il ne peut pas prétendre qu'il est injustement privé d'exercer un droit sur lequel il comptait.

Dans notre ancien droit cette solution était déjà admise

par la jurisprudence, et Brillon (*Recueil*, V° Lettre missive, n° 40), nous fait connaître que deux arrêts du Parlement de Paris, des 22 et 31 décembre 1793, avait décidé, en termes généraux, que la justice ne doit avoir « aucun égard aux lettres écrites à un tiers, lorsque c'est sans son aveu et par de mauvaises voies » qu'elles sont arrivées aux mains de la personne qui veut s'en prévaloir. Telle est encore l'opinion que les décisions judiciaires modernes ont consacrée (Voir notamment : Orléans, 13 mars 1857, S. 58.2.70 ; Cass., 21 juillet 1862, D. P.62.1.521 ; C. Dijon, 3 avril 1868, S. 69.2.46 ; Bordeaux, 9 avril 1869, D. P. 70.2.222 ; Cass., 9 juin 1883, D. P. 84.1.89 ; Cass., 15 juillet 1885, D. P. 86.1.145; Cass., 11 mai 1887, D. P. 87.1.322 ; C. Paris, 31 juillet 1889, *Gaz. Trib.*, 2 et 3 novembre 1889).

106. — Mais la règle que nous formulons étant toute dans l'intérêt du destinataire, dépouillé frauduleusement d'une correspondance qui lui appartenait, il va de soi qu'elle cesserait de s'appliquer si ce destinataire acceptait que les lettres fussent produites en justice et que s'engageât le débat sur le sens de leurs termes et la portée qu'on prétend leur donner. Il n'y a plus à faire intervenir les vices de la possession, puisqu'ils se trouvent couverts par l'acquiescement du destinataire.

Le tribunal civil de Bordeaux a statué dans une espèce où les lettres et photographies de lettres avaient été obtenues à l'aide d'agissements déloyaux ; il les a maintenues au procès en se fondant sur ce que la partie, à laquelle elles étaient opposées, ne se prévalait pas de ce moyen et acceptait de les discuter, au point de vue de la preuve, qu'essayait d'en déduire le plaideur qui les invoquait (1).

(1) Trib. civ. Bordeaux, 5 mars 1899, *Gaz. Pal.*, 1900.1.501.

107. Il y aura, pareillement, obstacle à la production de la correspondance lorsque celle-ci se trouvera être parvenue aux mains de son possesseur actuel, par suite d'une erreur dans la distribution ou parce qu'elle aura été égarée et trouvée par lui. Il y a ici une possession dont le titre n'est pas légitime, qui a une origine irrégulière, sinon dolosive ; ce vice suffit pour l'écarter des débats. Un arrêt de la cour de cassation, rendu sur le pourvoi formé contre un arrêt de la cour de Rennes, se prononce avec raison, dans ce sens. On y lit notamment : « Qu'il en est d'une lettre qui fait fausse route ou se perd, comme de tout autre objet qui serait remis par erreur au domicile d'une personne ou qu'on aurait trouvé sur la voie publique ; que celui qui le reçoit ou le trouve n'en devient pas propriétaire, au moins *ab initio* ; que, dans ces deux cas, la raison et la morale l'obligent à en rechercher le véritable propriétaire, ou tout au moins à les déposer entre les mains des autorités compétentes pour opérer de semblables recherches ; qu'à plus forte raison on ne saurait fonder sa propriété sur une possession délictueuse. »

108. Telle est donc la règle générale ; la production en justice des lettres missives est écartée par le caractère frauduleux ou l'origine irrégulière qui affecte leur possession par la partie qui les invoque. Reste à combiner cette règle avec les droits que nous avons reconnus à certaines personnes sur la correspondance d'individus placés sous leur autorité, leur protection ou leur direction dans une mesure plus ou moins large. Nous avons en vue le père, le tuteur, le directeur d'un établissement d'aliénés.

109. En ce qui concerne le père, il est fondé, sans nul

doute, à faire usage de la correspondance de son enfant, tant que celui-ci est mineur. Il détient légitimement toutes les lettres adressées à l'enfant ou écrites par lui, la puissance paternelle lui conférant le droit d'en prendre connaissance, de les intercepter, de les retenir. Mais, si nous supposons que l'enfant est devenu majeur ou a été émancipé, faut-il encore reconnaître au père la faculté de produire les lettres qu'il a conservées, si un débat s'engage ? Non, en principe ; car, l'enfant est seul propriétaire de sa correspondance, et, dès que cesse son incapacité, elle doit lui être restituée ; s'il n'en a pas exigé plus tôt la remise, ce fait ne lui fait pas perdre le droit de la réclamer, dès qu'il en apprend l'existence, par l'usage que l'on prétend en faire. La possession des lettres par le père cesse de s'appuyer désormais sur un titre légitime. Voilà la règle.

Mais, il serait injuste de ne pas la faire fléchir, lorsque le procès qui s'engage entre le père et l'enfant est relatif à un acte de la tutelle et que le père n'a pas d'autre moyen de justification de sa conduite que celui qu'il trouve dans la correspondance de son fils. Les principes que nous avons déjà rencontrés, en matière de mandat, reçoivent alors leur application. Le mandataire s'appuie sur les titres et les actes, quels qu'ils soient, qui peuvent être considérés comme se référant à sa gestion.

110. Il ne faudrait pas, toutefois, aller trop loin dans cette voie, et la cour de Caen a méconnu les principes, à notre avis, en autorisant des père et mère à produire en justice la correspondance de leur fils, après sa majorité, en vue d'y trouver la preuve des faits allégués, à l'appui d'une demande qu'ils formaient en dation d'un conseil judiciaire. De quelque poids qu'ait été, dans ce cas, l'intérêt de l'enfant, il est certain que cette décision n'était pas juridique (Caen, 11 juillet 1866, S. 67.2.151).

L'enfant, dès qu'il est majeur, acquiert, pour le gouvernement de sa personne et de son patrimoine, une capacité complète. Ses lettres lui appartiennent, et ses parents sont en faute de ne pas les lui remettre, même s'il ne les réclame pas formellement. Leur possession, après cette date, cesse d'être légitime. Ils ne peuvent puiser un droit dans la méconnaissance d'un devoir.

Dans une espèce un peu différente, mais où le but poursuivi était le même que dans celle soumise à la cour de Caen, le tribunal de la Seine a refusé au père le droit de produire les lettres adressées à son fils, à l'appui d'une demande en nomination d'un conseil judiciaire, qu'il formait contre celui-ci. Mais, ici, les lettres avaient été adressées au fils, après sa majorité, et la mère en avait pris connaissance, après les avoir trouvées dans la chambre de son fils. Elle les avait communiquées à son mari, qui les invoquait dans le débat. Il y avait des raisons péremptoires qui s'opposaient à cette production. La détention des lettres avait une source évidemment illégitime, et si le vol était punissable entre parents en ligne directe, l'enfant eût pu peut-être porter plainte. En tout cas, comme le dit très bien le jugement : « L'enfant, dès qu'il est majeur, devient vis-à-vis de tout le monde, maître de sa personne et de ses biens ; dès lors, le père de famille ne saurait s'emparer, même dans un intérêt louable, de choses qui constituent une propriété entre les mains de son fils ; il en est ainsi surtout lorsqu'il s'agit de lettres missives que la loi et les habitudes sociales tiennent pour secrètes et inviolables » (Trib. civ. Seine (1re ch.), 29 novembre 1888, *Gaz. Pal.*, 89.1.454).

On ne saurait qu'approuver pleinement cette décision ; et qu'on le remarque, la circonstance que les lettres avaient été écrites au fils après sa majorité, est indifférente au point de vue des motifs sur lesquels elle se fonde. Ils sont toujours les mêmes. La détention des lettres qu'on veut produire n'a pas un fondement licite. Dès lors, les juges devront les écarter du débat.

111. Ce que nous avons dit du père s'applique au tuteur, qui pourra dans l'intérêt et pour la protection de son pupille, se servir en justice des lettres adressées à celui-ci, comme on pourra les invoquer contre lui. C'est cette même considération de l'intérêt du pupille qui a amené la cour de cassation à juger qu'une lettre écrite par un tuteur à son pupille peut être produite par le subrogé-tuteur, à l'appui d'une demande en destitution de tutelle. Dans ces cas, la détention des lettres par la partie qui les produit n'a rien d'illégitime. Mais, il faut toujours admettre que les lettres adressées au mineur ou écrites par lui et que détient le représentant doivent, sans distinction aucune, lui être remises, dès qu'il est devenu majeur ; et leur production en justice, après cette époque, par le tuteur devrait être rejetée, sauf le cas où elle n'aurait d'autre but que la justification des actes de la tutelle.

112. Quelle est la situation du directeur d'une maison d'aliénés au point de vue du droit de faire usage devant les tribunaux des lettres de ses pensionnaires dont il se trouve en possession ?

Nous avons vu dans le chapitre précédent que le directeur d'un établissement où se trouve en traitement des personnes atteintes d'affections mentales, mais non interdites, a le droit de retenir leur correspondance, d'en prendre connaissance, toutes les fois qu'il le juge nécessaire, dans l'intérêt des malades dont la cure lui a été confiée. Mais, nous avons dit qu'il outrepasserait ses pouvoirs, s'il conservait cette correspondance. En fait, cependant, la chose est possible, et alors se présente la question de savoir s'il pourra, le cas échéant, en faire usage en justice, ou si l'on pourra, en lui opposant l'irrégularité de sa possession, faire échec à cette production.

113. La loi de 1838, sur les aliénés, organise, tout le monde le reconnaît, un système de garanties tout à fait insuffisantes, pour prévenir des séquestrations arbitraires et protéger la liberté individuelle contre toute atteinte. Des procès restés célèbres démontrent que des familles intéressées peuvent parvenir à faire entrer et retenir un de leurs membres dans une maison d'aliénés, sans que son état justifie cette grave mesure, ou à prolonger indéfiniment une détention qui doit prendre fin avec la maladie. Aussi, n'est-il pas rare que des aliénés, rendus à la liberté, intentent un procès contre les directeurs des établissements où ils ont été traités, pendant un temps plus ou moins long. Le plus souvent, je le reconnais, leurs prétentions ne sont pas fondées, et le directeur qui veut se justifier de l'accusation dont il est l'objet, demandera à produire en justice les lettres de l'aliéné qu'il détient, et dans lesquelles il trouve la preuve de la régularité de sa conduite. En a-t-il le droit ?

La cour de cassation eut à se prononcer sur cette question, extrêmement délicate, à l'occasion d'un pourvoi formé contre un arrêt de la cour d'Angers, rendu dans les circonstances suivantes :

Un sieur Similien avait été enfermé, en mai 1870, dans une

maison d'aliénés tenue à Paris par les docteurs Mesnet et Mottet. Vingt-deux jours après, sur une délibération du conseil de famille, prise sur avis du parquet, et après un rapport médical, il fut rendu à la liberté. Pendant cette courte détention, il avait écrit des lettres à l'aumônier de la maison, qui était en même temps son confesseur, lettres que les directeurs avaient retenues et conservées. En 1873, Similien intenta une action en dommages-intérêts contre les médecins qui avaient signé le certificat joint à la demande d'admission. Les directeurs Mesnet et Mottet intervinrent dans l'instance et produisirent, en vue de la défense de leurs confrères et de leur propre défense, s'il y avait lieu, les lettres de Similien par eux retenues. Ce dernier les comprit dans sa demande de dommages-intérêts, et conclut au rejet du débat de ces lettres toutes confidentielles, et à leur restitution par les défendeurs intervenants, la détention de ceux-ci n'ayant pas un caractère légitime.

Le tribunal d'Angers, le 21 juillet 1873, la cour, le 6 mars 1874, repoussèrent ces conclusions.

La chambre des requêtes, malgré l'intérêt de l'affaire et les questions délicates qu'elle soulevait, rejeta le pourvoi. Son arrêt, il faut en convenir, est très faiblement motivé ; il renferme des affirmations à peine justifiées, et il est peu d'affaires pourtant où s'imposait plus impérieusement le renvoi à la chambre civile. Voici cet arrêt. — Sur le moyen tiré de la violation de l'article 29 de la loi du 30 juin 1838 : « Attendu que l'arrêt attaqué constate que les lettres dont il s'agit et qui n'étaient adressées à aucun représentant de l'autorité administrative ou judiciaire ont été écrites par Similien, alors qu'il était placé dans un établissement d'aliénés et qu'elles étaient la vive et sûre manisfestation du trouble mental dont il était atteint ; qu'elles ne sauraient, dès lors, être réputées confidentielles ;

« Attendu que, dans ces circonstances, les directeurs de l'établissement ont pu, sans manquer à aucun devoir, retenir lesdites lettres de leur pensionnaire et les joindre à son dossier ;

« Attendu, enfin, qu'elles n'ont été produites en justice que dans un intérêt de légitime défense ; d'où il suit qu'en maintenant les dites lettres aux débats, l'arrêt n'a pas violé le principe du secret des lettres ni faussement appliqué l'article 29 de la loi du 30 juin 1838 ; Rejette... » (27 décembre 1875, D. P. 76.1.66).

114. Nous n'hésitons pas à nous ranger à l'opinion contraire, et nous décidons fermement que le directeur d'une maison d'aliénés qui retient, après sa guérison ou sa sortie la correspondance d'un de ses pensionnaires, méconnaît les principes et excède ses droits. D'où nous concluons que l'usage en justice de cette correspondance devra se briser contre la fin de non-recevoir tirée d'une possession irrégulière.

Déduire tout d'abord de l'article 29 qui défend, sous certaines peines, de retenir les requêtes ou réclamations adressées à l'autorité administrative par le malade, que toutes les autres lettres de celui-ci peuvent être légitimement retenues et conservées indéfiniment, c'est appuyer d'un argument *a contrario* une exception au droit commun. Or, l'argument *a contrario* a de la valeur lorsque, partant d'une disposition exceptionnelle, on cherche à rentrer dans le droit commun. Il n'en a aucune dans l'hypothèse contraire.

En second lieu, l'article 29 a uniquement pour objet d'ériger en délit le fait qu'il prévoit ; mais, il ne peut être invoqué pour conférer au directeur le droit exorbitant que la cour lui reconnaît.

Les directeurs, nous l'avons dit, peuvent retenir les lettres, pendant le séjour du malade, chez eux. Le but même de la loi et la force des choses l'exigent impérieusement. Si l'aliéné pouvait recevoir ou écrire des lettres à l'insu et sans le contrôle du directeur, son trouble mental pourrait être entretenu et perpétué et le succès des soins donnés, gravement compromis. Mais, cette raison précisément, en même temps qu'elle fonde son droit,en détermine la mesure et la limite ; le directeur ne détenait pas et n'a jamais détenu comme propriétaire, mais comme dépositaire, en quelque sorte, tenu à restitution, quand l'aliéné, seul propriétaire de sa correspondance, la réclame, une fois guéri, et dès qu'il en apprend l'existence. C'est en somme comme un pouvoir de police qu'exerce ici le directeur.

La cour admet,d'autre part, qu'on ne peut pas réputer confidentielle une correspondance qui émane d'un individu présumé aliéné,parce qu'elle n'est pas l'œuvre d'une intelligence qui ait conscience d'elle-même, toutes les fois du moins, qu'elle portera la preuve de la déraison de son auteur.

J'estime, au contraire, que ce sont ces lettres-là qui doivent, *a fortiori*, être réputées confidentielles et soustraites à la publicité d'un débat judiciaire. Qu'est-ce, en effet,qu'une confidence ? C'est une pensée intime, que l'intérêt de celui de qui elle émane commande de tenir secrète et de ne point divulguer et publier ; qu'importe que l'aliéné, en écrivant la lettre, n'ait pas compris ce qu'il révélait ; ce qui est certain, c'est que son intérêt est en jeu, c'est qu'on lui nuit en divulguant le contenu des lettres même incohérentes. Et que l'on remarque à quelle étrange conséquence aboutit la doctrine contraire : L'aliéné sera moins protégé que l'individu sain d'esprit. Les lettres de celui ci sont présumées confidentielles ; celles de celui-là ne le sont pas et peuvent affronter le grand jour d'un débat judiciaire, bien que, guéri et sorti de l'établissement, il s'y oppose de toutes ses forces.

Ajoutons que, même dans les lettres qui accusent la démence, il peut se rencontrer des sentiments et des jugements personnels,des épanchements sincères et très raisonnablement exprimés. C'est chose si commune que la folie sur un seul point. Et alors, qui fera la distinction et le triage? Evidemment, pour la cour, ce sera le directeur, et cela à ses risques et périls. Mais, où est la garantie, dans cette façon de procéder, pour le malheureux, qui se voit opposer des lettres, que l'on détient contre le droit incontestable qu'il a de les posséder exclusivement. La cour fait enfin remarquer que les défendeurs n'ont produit les lettres en justice que dans un intérêt de légitime défense. Ce motif lui paraît décisif pour justifier la dérogation si grave que son arrêt consacre.

Certes, le droit de défense est sacré, nous en convenons ; mais, il n'en comporte pas moins des restrictions, telles que celles qu'y apporte l'article 378 du Code pénal, et l'on pourrait se demander si ce n'est pas une restriction de ce genre qui pourrait recevoir ici son application. Nous ne pensons pas que le directeur puisse même pour sa propre défense, produire et publier la correspondance. D'une part, le droit qui lui est reconnu de connaître la correspondance des personnes en traitement chez lui n'a d'autre but que de lui permettre d'assurer la cure dont il est chargé. Il n'est, d'autre part, ni le protecteur, ni le représentant légal d'un incapable,de multiples dispositions de la loi de 1838 le démontrent (art. 31, 32, 38) : d'où la conséquence que le malade, une fois guéri, peut réclamer et prendre sa correspondance, et que tout usage de celle-ci par le directeur, en dehors du but ci-dessus, ne doit être ni admis ni reconnu légitime.

En d'autres termes, il n'y a jamais eu entre le directeur et son pensionnaire des rapports juridiques de mandant et de mandataire. Les lettres écrites ou reçues par l'aliéné ne peuvent pas être considérées comme formant des titres instrumentaires, dont pourrait se servir, s'il les détient régulièrement, le directeur en vue de se défendre contre la demande qu'on dirige contre lui.

Et la preuve qu'il en doit être ainsi, c'est qu'il y a tout un ensemble de formalités et de conditions prescrites par la loi de 1838, qui, si elles ont été exactement observées, formeront pour les médecins, directeurs des maisons de santé, une sauvegarde et un élément de sécurité, les plaçant à l'abri de tout reproche de séquestration arbitraire (art. 8 et suiv., de la loi). Nous concluons, en conséquence, que le directeur n'est que dépositaire des lettres de l'aliéné et qu'à ce titre, il ne pourra jamais, quelque intérêt qu'il puisse alléguer, se prévaloir contre le déposant des papiers confiés à sa garde, surtout lorsque ces papiers auraient dû être restitués. Du jour où la restitution eût dû en être faite, la possession qui se prolonge ne repose plus sur une cause légitime et ne peut pas devenir, le cas échéant, la source d'un droit.

115. Nous n'avons pas trouvé, sur cette intéressante et délicate question, des documents de jurisprudence de date plus récente que l'arrêt que nous venons de reproduire et de critiquer. Aussi, pensons-nous, que si la cour suprême avait à se prononcer, de nouveau, dans une affaire de cette nature, elle adopterait vraisemblablement une solution différente. Nous le croyons, du moins, en constatant sur une hypothèse toute voisine, celle de la production des lettres, dans les procès entre époux, un changement marqué dans sa dernière manière de voir.

116. C'est surtout, en effet, dans les rapports des époux entre eux, que cette question de savoir, dans quels cas et dans quelle mesure la possession des lettres que l'un d'eux produit contre l'autre est entre ses mains, légitime et régulière, que cette question, dis-je, est d'une appréciation infiniment délicate. Cela tient à ce que la communauté d'existence que le mariage suppose autorise bien des façons d'agir, qui ne sauraient être admises en dehors de lui.

Mais, d'autre part, le mariage est une société qui a un chef, et ce chef a certains pouvoirs qui lui assurent une prééminence, et lui confèrent des droits. Il y a enfin le respect du secret des correspondances privées, qui est un principe d'ordre public, auquel il ne faut apporter que les dérogations certainement voulues par le législateur.

Voilà les divers intérêts en présence, et ce ne sera pas toujours chose aisée de les concilier. On voit par quel lien étroit se rattache, à la condition d'une possession légitime et non vicieuse des lettres, l'étude de l'autorité maritale, eu égard à la correspondance de la femme et des époux quant à la production de leur correspondance, qu'ils l'aient échangée ensemble ou avec des tiers. C'est pourquoi nous avons cru devoir la placer ici.

117. Il me paraît intéressant, tout d'abord, de bien marquer la différence profonde qui sépare, au point de vue de leur nature et de leur fondement, l'incapacité de la femme mariée de celle des mineurs ou des interdits. On peut dire, en effet, que la première est une création arbitraire du législateur. Il lui a paru que l'unité de la famille n'était assurée qu'à cette condition ; que l'intérêt social exigeait cette subordination de la femme et que le mariage constituant une société, il importait d'en désigner le chef et de soumettre à l'autorité de celui-ci, sa compagne et associée, la femme. Mais la nature ne fournit pas ces données et les Codes de peuples, pourtant très civilisés, ont répudié cette institution. L'incapacité du mineur ou de l'interdit est d'une tout autre nature. En l'édictant, le législateur s'incline devant l'autorité souveraine d'un fait. Aussi, n'est-il pas une seule législation qui ne fixe les limites d'une première période de l'existence où l'être humain, s'il jouit de ses droits, n'en a pas lui-même l'exercice. Il est pourvu d'un représentant qui agit en son nom et pour son compte dans tous les actes de la vie civile.

Cette idée qu'on a trop souvent, croyons-nous, perdue de vue, nous permettra de déterminer les droits du mari, d'en préciser le mode d'exercice, les limites et la mesure.

118. Le mari, dans notre droit, est le chef de l'association conjugale, et, en cette qualité, il exerce une puissance et une autorité destinées à assurer l'unité dans la direction de la vie commune. « *Le mari doit protection à sa femme, la femme obéissance à son mari* », dit l'article 213 du Code civil. De là découle le droit pour le mari de recourir à tous les moyens lui permettant de mettre en œuvre son autorité et de remplir vis-à-vis de sa femme le devoir de protection qui lui incombe ; tous les moyens, disons-nous, qu'autorisent les convenances sociales et qui ne blessent pas le respect et les égards dus à la femme. M. Labbé disait très justement : « Les mœurs influent presque autant que la loi sur la puissance maritale. Cette puissance trouve sa consécration dans la loi ; elle puise son mode d'exercice et sa vertu dans les mœurs » (Sir., année 1877. 2.161).

119. Nous disions qu'il est des législations qui reconnaissent à la femme mariée une pleine et entière capacité civile. Telles sont les législations anglaise et américaine. Les décisions des cours d'équité, en Angleterre, sur lesquelles les courants d'opinion et les travaux des publicistes exercent une profonde influence, ont puissamment contribué à faire entrer dans les lois ce principe de l'indépendance absolue de la femme mariée. Depuis les *Acts* de 1870, 1882, 1884 et 1886, la femme mariée exerce librement ses droits individuels et jouit de la même capacité que si elle était veuve ou fille majeure. Une décision rapportée dans le journal *Le Droit*, numéro du 25 décembre 1867, témoigne de ce souci d'assurer à la femme la faculté précieuse d'échanger, sans entrave, ses sentiments et ses pensées intimes ; elle émane de la cour d'appel de Louisville, dans les Etats-Unis d'Amérique. Ses considérants sont remarquables. On y lit « que l'autorité légitime d'un mari ne lui donne pas, pendant le mariage, le droit d'immixtion dans la chaste et amicale correspondance de sa femme, en tant qu'elle ne touche pas à ses propres droits ; que son pouvoir conjugal, même envisagé dans toute sa plénitude, ne lui permet pas sans le libre consentement de sa femme, de prendre, détruire ou contrôler, d'une manière quelconque, la possession ou l'envoi de telles lettres ; qu'une si blessante ingérence porterait atteinte à la confiance sociale, troublerait la paix domestique et ne doit pas être encouragée par la justice, parce que, le plus souvent, elle ne servirait qu'à satisfaire une curiosité jalouse et oppressive ; qu'au point de vue des convenances et à tous les points de vue, de telles lettres écrites à une femme pour les garder, les lire et s'en délecter, lui appartiennent ; et que si, pour des raisons de goût et de jugement personnel, elle ne croit pas devoir les remettre ou les montrer à son mari, elle a le droit de les conserver, comme sa propre et inviolable propriété ; qu'au surplus, une femme confiante (ce qui doit être supposé pour toutes) ne soustraira jamais à la connaissance de son mari ses lettres confidentielles, sans de bonnes et suffisantes raisons ;

« Que le Code actuel des lois anglaises et américaines reconnaissant l'individualité et la responsabilité morale des épouses, garantit, par une conséquence nécessaire, leur liberté de pensées et d'échange de sentiments ; que leurs idées leur sont propres, leurs émotions leur appartiennent, et leurs affections ne sont qu'à elles ; qu'un mari ne doit être ni un tyran, ni un espion pour sa femme, et que celle-ci n'est ni son esclave, ni sa maîtresse, mais sa libre compagne et son égale. »

Cette doctrine, avec le caractère absolu qu'on lui reconnaît en Angleterre et en Amérique, peut-elle, en l'état actuel de nos lois, être admise en France ? Je ne le pense pas. Les textes du Code civil consacrent trop formellement l'autorité et la prééminence de l'homme pour dénier à celui-ci un droit de contrôle sur la correspondance de sa femme. Il est le chef, il a la garde de l'honneur du foyer domestique ; il ne faut pas le priver du moyen de prévenir les égarements de sa femme ou d'en recueillir la preuve, afin d'en éviter le retour, en en supprimant la cause. Et qui ne sait que, le plus souvent, c'est par un échange de lettres avec un tiers que commencent à se nouer des relations, dont la femme ne soupçonne pas immédiatement les suites dangereuses. Il n'est presque pas de procès, en divorce ou en séparation de corps, où ne soit produit une correspondance coupable qui a semé dans les cœurs le premier germe de désunion.

120. Nous reconnaissons donc au mari le droit de surveiller la correspondance de la femme.

Mais, nous avons dit que la femme est, en fait, capable, et que la loi, en lui imposant l'obligation de l'obéissance à son mari, en la plaçant dans un état d'incapacité, vis-à-vis de celui-ci, a créé quelque chose d'un peu arbitraire et artificiel. La personnalité de la femme, son rôle et sa situation vraie dans la famille, devraient, avec le progrès des mœurs, faire d'elle l'égale de son mari ; il est contraire à la nature, nous semble-t-il, que dans une société qui crée entre les deux membres qui la composent une si étroite commuuauté d'existence, de sentiments et d'honneur, l'un des deux ait un ensemble de droits et de pouvoirs, sans réciprocité. S'il est difficile, en présence des textes du Code civil et des traditions, vieilles de plusieurs siècles, qu'il a certainement voulu maintenir, de refuser au mari le droit de surveiller et de contrôler la correspondance de sa femme, je n'hésite pas à admettre que l'exercice de ce droit a des limites qui ne sauraient être franchies. Mais, peut-on formuler quelques règles à cet égard ? Je ne me dissimule pas que c'est là une tâche malaisée. Cela se sent plus qu'on ne l'exprime. Je dirais cependant que l'idée de protection qui forme la base de la puissance maritale, correspond à des droits chez la femme ; droit de n'être pas soupçonnée injustement, droit de n'être pas blessée dans sa délicatesse et dans son honneur, par l'incorrection des procédés qu'emploierait le mari, en vue de connaître les lettres qu'elle écrit ou celles qu'elle reçoit ; droit de ne pas voir se produire ce droit de contrôle à l'égard des lettres écrites par la femme à ses parents, ou que ceux-ci lui adressent.

121. Ces correctifs à la puissance maritale, s'exerçant

sur la correspondance de la femme, ne sont pas généralement reconnus légitimes, et M. Tissier, qu'approuve M. Legris, va jusqu'à décider que le mari peut s'emparer par ruse ou par violence des lettres de sa femme. Si l'autorité du chef de famille devait aller jusque-là, il faudrait souhaiter qu'elle disparût de nos lois. Comment admettre l'emploi de tels moyens, même pour l'exercice d'un droit légal, dans une société civilisée ? Et qui ne voit à quelles conséquences l'on aboutirait, en pratique, si les juges n'en condamnaient pas l'emploi chaque fois que l'occasion leur en serait offerte ?

Remarquons que ces auteurs, tout en déclarant cette façon d'agir parfaitement licite, reconnaissent qu'elle renferme pour la femme une injure grave, susceptible de servir de fondement à une demande en divorce ou en séparation de corps. La sanction est insuffisante et peut, ce qui est plus grave, contrarier les vues ou les intérêts de la femme. Nous condamnons de tels procédés, parce qu'ils sont inconciliables avec les égards qu'impose la dignité des rapports entre époux, et la femme aura le droit de demander à la justice qu'il soit enjoint au mari de s'en abstenir, à peine d'une réparation, fondée sur le quasi-délit, que commet véritablement celui-ci, par les actes de violence ou de ruses auxquels il a eu recours. Voici une hypothèse que je trouve dans *Le Journal*, numéro du 17 février 1906 : un mari soupçonnant la fidélité de sa femme, s'était précipité sur elle au moment où elle sortait du bureau de poste, et lui avait violemment arraché son réticule, dans lequel elle venait d'enfermer une lettre.

122. Nous verrons, dans le chapitre suivant, que des arrêts récents, rompant avec une jurisprudence antérieure, paraissent vouloir entrer dans cette voie, en refusant au mari le droit de produire en justice les lettres, lorsqu'il a réussi à se les procurer par des moyens que réprouvent les convenances ou qui répugnent à la loyauté.

123. Les idées que nous venons d'exposer sont, au surplus, sur le point de recevoir une consécration législative (1). L'opinion est, de plus en plus, favorable à l'égalité des conjoints dans le mariage. Leurs devoirs sont les mêmes ; leurs droits doivent être les mêmes. Admettre une prééminence au profit de l'un d'eux, c'est placer l'autre dans un état d'infériorité qui offense sa dignité et contrarie, bien loin de l'assurer, l'entente et la bonne harmonie entre les époux.

Sous la poussée de l'opinion, la vieille organisation du mariage va subir des assauts. Un projet de loi apporte des réformes profondes à cette institution et, sur le point qui nous occupe plus particulièrement, l'autorité maritale en sera singulièrement diminuée et amoindrie.

Il a été élaboré et il est présenté par une commission extra-parlementaire, composée surtout d'écrivains et de publicistes qui se sont signalés dans la campagne, menée depuis quelques années, en faveur de l'émancipation de la femme. Son président affirmait naguère, dans une interview, qu'il tenait pour certain et à une date très prochaine, un vote favorable du Parlement. Je doute que le projet soit accueilli tel que nous le connaissons. Il y avait, j'en conviens, quelque chose à faire dans cette matière du mariage, dont la réglementation un peu surannée ne répond plus aux idées et aux besoins du moment. Mais, un bouleversement aussi complet, aussi radical que celui proposé par

(1) Voir : *Quelques idées*, de Paul et Victor Margueritte. Plon-Nourrit.

cette commission nous paraît dangereux, plus dangereux peut-être que le maintien de l'état actuel (1).

124. Quant à la jurisprudence, elle est, à peu près, unanime, dans son sentiment sur cette question des droits du mari, à l'égard de la correspondance de sa femme. Elle reconnaît ces droits avec l'étendue que lui paraît comporter l'autorité maritale, telle que le Code civil l'organise.

125. Il est à peine besoin de faire remarquer que le pouvoir du mari, si large qu'on le suppose, ne saurait aller jusqu'à lui permettre d'exiger de ceux avec qui sa femme correspond la remise des lettres qu'ils ont reçues d'elle ; et, sans nul doute, s'il s'en emparait par la ruse ou par la violence, il se rendrait coupable de vol et s'exposerait à des poursuites de ce chef.

Il ne peut pas davantage, tant que les lettres adressées par des tiers à sa femme, ne sont point devenues propriété de celui-ci, en exiger la remise, du tiers chargé de les porter à la femme (Trib Tunis, 2 février 1887, *Revue d'Alger*, 1887, p. 259). Jusqu'à la distribution, elles appartiennent à l'expéditeur, et nous ne pensons pas que l'on doive lui reconnaître le droit de faire défense à l'administration des postes de remettre directement les lettres à sa femme.

(1) L'opinion que nous nous permettons d'exprimer n'est point un blâme adressé aux esprits ingénieux et hardis auxquels nous devons la découverte plutôt que l'utilisation d'une union facilitée dont la réglementation reste à déterminer, mais que les progrès de la civilisation et du féminisme imposeront prochainement peut-être, nous voulons parler de l'union libre, que sa dénomination inexacte et impropre fait considérer comme l'application chimérique d'un paradoxe.

G. Fonsegrive, *Le mariage et l'union libre*, Paris, 1903 ; Peytrel, *L'union libre devant la loi*. Thèse Paris, 1905.

D'une part,cette défense placerait dans un embarras singulier l'Administration qui a accepté le mandat de remettre un paquet à une personne déterminée, et qui est tenue de cette obligation vis-à-vis de l'expéditeur, son mandant.

D'autre part,le droit de contrôle et de surveillance du mari dépend de son autorité domestique, et l'on conçoit qu'il ne puisse pas l'exercer, en dehors de l'intérieur du ménage, et mêler des tiers à des difficultés d'un ordre aussi spécial. L'Administration, d'ailleurs, repousse l'immixtion dans son service de toute volonté étrangère et remplit son mandat dans les conditions assignées par l'expéditeur (Frault, *Service postal*, n° 110).

126. Nous avons envisagé, dans les développements qui précèdent,les pouvoirs du mari. Quels sont ceux de la femme sur la correspondance de son mari?

Les auteurs et les tribunaux sont d'accord pour décider qu'elle ne peut,par suite de l'état d'incapacité et d'infériorité légale où elle est placée, exercer sur cette correspondance un contrôle quel qu'il soit. Et c'est là ce qu'il y a de vraiment choquant, dans cette situation de deux conjoints, auxquels le mariage impose les mêmes devoirs, dans leurs rapports respectifs.

127. Mais il me paraît difficile, en face des textes actuels du Code et des traditions séculaires dont ils sont l'écho, d'apporter des restrictions à cette doctrine.

La jurisprudence reconnaît, dans tous ses arrêts, que la femme est sans droit pour réclamer la communication de la correspondance de son mari ou pour l'intercepter et en prendre connaissance (C. Rouen, 20 mars 1864, D. P. 64.2.73; Caen, 19 décembre 1865, D. P. 66.2.70).

128. Il ne suit pas de là toutefois que la femme ne se trouvera jamais, d'une manière correcte et irrépréhensible, en possession de lettres dont son mari est l'auteur ou le destinataire, et ne pourra, par suite les produire en justice, pas plus qu'il ne résulte des pouvoirs que confère au mari la puissance dont il est investi que sa possession de lettres écrites par sa femme ou à elle adressées sera nécessairement régulière et légitime. Envisageons donc l'hypothèse où les lettres sont produites par l'un des conjoints contre l'autre.

129. Il est un premier cas qui ne souffre pas de difficulté : c'est celui où les lettres dont l'un deux se prévaut lui ont été adressées par l'autre.

Ici, la production en justice est absolument licite. Car, le destinataire peut toujours opposer à leur auteur les lettres qu'il détient et qu'il en a reçues. Si nous supposons que ces lettres renferment une injure grave pour le destinataire, celui-ci y trouvera la preuve que la loi exige, et le tribunal en pourra faire état pour prononcer le divorce ou la séparation de corps. Il y aura une question d'intention à pénétrer, et ce sera le devoir du juge. Car, on ne saurait dénier à l'un des époux le droit d'exprimer à l'autre, sur sa conduite, des plaintes ou des reproches, en des termes même vifs et indignés. Mais ce droit ne saurait aller jusqu'à l'outrage et à l'injure. Encore une fois, les tribunaux apprécieront ce point de fait. Tous les auteurs et toutes les décisions judiciaires, à de bien rares exceptions près, sont dans ce sens (Limoges, 12 février 1894, S. 95.2.17).

130. Mais, il se peut que l'un des époux prétende produire en justice des lettres que son conjoint à écrites à un tiers, ou qu'il en a reçues. Il se trouve, en fait, en possession de ces lettres. Cette production doit-elle être accueillie ? C'est ici qu'il importe de se demander de quelle manière ou par quelle voie ces lettres sont parvenues aux mains du conjoint qui les invoque.

Il se peut tout d'abord que le destinataire en ait volontairement fait la remise au conjoint ; je crois que la production en doit être permise. Car, l'origine de la possession ne peut, en rien, être incriminée (Belley, 25 janvier 1901, *Mon. jud. Lyon*, 7 décembre 1901). La seule réserve à faire c'est que le destinataire, en faisant cette remise, n'ait pas manqué à l'obligation du secret.

131. Si les lettres sont arrivées en la possession du conjoint par une circonstance toute fortuite, on enseigne encore, assez généralement, que le possesseur pourra en faire usage. Cette solution ne marche pas d'accord avec celle que nous donnions précédemment dans l'hypothèse d'une lettre perdue ou qui fait fausse route. Mais, elle peut se justifier ici par la nature particulière du procès entre les époux, par leur situation respective, par les rapports que le mariage fait naître et les devoirs qu'ils ont créés, et enfin par l'esprit de la loi qui a voulu faciliter l'administration de la preuve, dans les demandes en séparation de corps ou en divorce.

132. Un arrêt de la cour de Rouen, du 13 novembre 1878, rapporté au *Recueil de Dalloz* (année 1880, 2e partie, p. 190), pose, dans d'excellents termes, les principes à cet égard : « Attendu, dit cet arrêt, que si l'inviolabilité du secret des lettres a été consacrée par la loi du 24 août 1790, en ce qui concerne l'Administration des postes et ses agents, la production en justice des lettres missives n'est prohibée par aucune loi, lorsque la partie qui les possède fortuitement use d'un droit légitime, dans un intérêt sérieux, sans intention de nuire,et pour sa propre défense », et l'arrêt rejette la fin de non-recevoir tirée d'une possession irrégulière et opposée à la femme, qui produisait, à l'appui de sa demande en séparation de corps, des brouillons écrits par son mari et les réponses qui lui avaient été adressées : ces brouillons et ces réponses avaient été trouvées par elle dans un meuble commun où le mari les avait négligemment laissées. Dans un arrêt plus récent (Cass , 25 mars 1890, *Gaz. Pal.*, 90.1.593) la cour suprême a décidé, dans le même sens, que les juges peuvent tenir pour régulière la possession d'une lettre missive, et en accueillir la production, lorsque cette lettre a été trouvée par une femme dans un vêtement de son mari, que celui-ci avait, par hasard, oublié d'enfermer (1). Le tribunal civil de Tarascon, à la date du 14 juin 1905, accueillait une demande en divorce, dans laquelle la femme avait fait état de lettres adressées à son mari et que celui-ci avait placées, sur une poutre d'un grenier, d'où la femme les avait, par hasard, fait tomber, en promenant au plafond, qu'elle voulait nettoyer, une tête de loup.

Dans toutes ces espèces, la possession des lettres que le conjoint produisait ne pouvait pas être considérée comme entachée d'illégitimité (Voir encore : Alger, 12 novembre 1866, D.P.67.2 126 ; Bordeaux, 9 avril 1869, D.P.70.2.222. — Voir toutefois : Cass., 3 mai 1875, D. P. 76.1.183).

(1) Non seulement ces décisions doivent être pleinement approuvées, mais il serait encore à souhaiter que les tribunaux prissent davantage en considération les circonstances dans lesquelles les éléments d'une correspondance criminelle sont découverts ; c'est quand il y a de la part du conjoint auquel on l'oppose ce que l'on nous permettra d'appeler une « imprudence injurieuse ».

133. Mais, supposons que les lettres produites ont été interceptées par le conjoint qui les possède ? Devra-t-on en interdire l'usage en justice, parce que leur possession aune origine irrégulière ? La question est plus délicate et elle est assez vivement controversée.

Dans un premier système, on admet qu'il y a lieu de distinguer entre le cas où la production est faite par le mari et celui où elle est faite par la femme. Quand la production émane du mari, on enseigne qu'il est fondé à faire état des lettres écrites à sa femme ou qu'elle adressait à des tiers et qu'il a interceptées. Sans doute, le secret des lettres est inviolable ; mais précisément, ce principe fléchit, devant l'autorité que la loi confère au mari et qui, en consacrant sa maîtrise, l'investit, par voie de conséquence, du droit de s'emparer de la correspondance de sa femme, d'en prendre connaissance et de la retenir toutes les fois qu'il le juge utile pour l'intérêt du foyer, dont il est le chef.

Quand la production, au contraire, émane de la femme, le vice qui entache sa possession rendra cette production impossible. Car la femme, dont la loi consacre formellement l'infériorité légale vis-à-vis de son mari, ne peut légitimement exercer sur la correspondance de celui-ci aucun droit de contrôle. Toutes les fois, par suite que les lettres qu'elle prétend invoquer lui sont arrivées autrement que par une remise volontaire de leur destinataire ou par une circonstance fortuite, les juges devront, sur la demande du mari, déclarer cette production impossible (C. Paris, 22 février 1860, S.60.2.231 ; C. Bruxelles, 28 avril 1875, D.P. 76.2.25 ; C. Nîmes, 6 janvier 1880, D.P. 80.2.191 ; Trib. civ. Tarbes, 14 décembre 1892, *Gaz. Pal.*, 1893.1.127 ; Rouen, 13 novembre 1878, *suprà* ; Cass., 5 août 1902, S. 02.1.45).

134. Mais, si le mari ne s'est pas contenté d'intercepter les lettres, s'il a eu recours, pour se les procurer, à des procédés contraires à la délicatesse ou à la loyauté, faudra-t-il admettre encore qu'il peut en faire état en justice ? L'opinion que j'expose résout la question par une distinction : si les procédés employés par le mari ne sont réprouvés que par les mœurs et la considération publique, sans constituer des délits, au sens légal du mot, sa possession, sur le terrain juridique, est légitime et la production des lettres est possible. Si le mari a eu recours à des procédés incriminés par la loi pénale, il se verra, en ce cas, opposer victorieusement l'irrégularité d'une possession, qui est due à un délit. Cette manière de voir a été partagée jusqu'à ces dernières années par la jurisprudence, et la Cour de cassation déclarait que le mari pouvait faire état, dans une poursuite en adultère, des lettres achetées par lui au complice de sa femme ; la cour de Nîmes avait admis, de son côté, qu'un mari peut produire, en justice, à l'appui d'une demande en séparation de corps, une lettre intime écrite par sa femme à un tiers, bien que cette lettre soit en sa possession par suite de l'emploi de moyens violents (Cass., 9 juin 1883, D.P. 84.1.89 ; cet arrêt a été rendu à la suite d'un rapport très complet de M. le conseiller Gast ; C. Nîmes, 6 janvier 1880, D.P. 80.2.191).

135. Mais aucune décision n'avait osé aller jusqu'à sanctionner des moyens qui rentraient dans la prohibition de la loi répressive, bien que M. Demolombe ait enseigné qu'il n'existe pas de texte de loi qui y fasse obstacle. S'il n'y a pas de texte précis interdisant la production en justice des lettres missives, quand la possession en a été obtenue par des manœuvres qui constituent des délits, il y a les principes généraux qui suffisent à l'écarter. Comment admettre une valeur légale à une preuve, qu'on s'est procurée à l'aide de procédés que réprouve et réprime la loi pénale ? Si l'on allait jusque-là, on sanctionnerait des atteintes portées au principe de l'inviolabilité du secret des lettres, et l'on troublerait profondément les rapports sociaux dont ce principe a pour but essentiel d'assurer la sécurité. Un délit ne peut, dans aucun cas, à moins d'un texte formel contraire, être la source d'un droit au profit du particulier qui s'en est rendu coupable. Aussi, tous les auteurs et toute la la jurisprudence sont-ils unanimes dans ce sens. Bordeaux, 13 janvier 1879, D. P. 80.2.191 (Cass., 9 juin 1883, S.85.1.137 ; Cass., 10 juillet 1885, D.P. 86.1. 145 ; C. Liège, 10 janvier 1889, *Gaz. Pal.*, 90.1, Sup., 46 ; Orléans, 13 décembre 1889, *Gaz. Pal.*, 90.1, Sup. 21; Paris, 30 juin 1890, *La Loi* du 23 juillet ; Trib. civ. Chambéry, 23 décembre 1890, *Mon. Jud. de Lyon*, 19 février 1891 ; Trib. civ. Périgueux, 27 décembre 1890, *Le Droit* du 29 janvier 1891. — Le Senne, *op. cit.*, n° 342 ; Tissier, *op. cit.*, p. 85 et 86 ; Hanssens, *op. cit.*, p. 284 ; Carpentier, *Code du divorce*, n°s 39 et suiv. ; Curet, *Code du divorce*, n°s 186 et suiv. — Voir pourtant : Massol, *op. cit.*, p. 42 ; Goyrand, *Traité du divorce*, p. 28).

136. Tel est le premier système. Nous en acceptons la donnée en tant que la possession des lettres que le mari produit aurait une origine délictueuse ; mais nous estimons qu'il faut aller plus loin et admettre, avec une décision récente de la cour de cassation, que les juges ont, dans tous les cas, le droit et le devoir d'apprécier de quelle manière elles sont parvenues entre les mains du conjoint, et si leur production doit ou non, à la suite de cet examen, en être accueillie. L'arrêt dont nous allons parler a été rendu le

5 février 1900. On le trouvera dans le *Recueil de Sirey* (année 1901, première partie, p. 17).

Les décisions antérieures, ainsi qu'on vient de le voir, n'autorisaient la femme à produire les lettres qui émanent de son mari ou qui lui ont été écrites, que si ces lettres sont venues en sa possession sans qu'elle ait employé un moyen blâmable pour se les procurer. Quant au mari, il avait le droit de produire les lettres émanées de sa femme ou par elle reçues, sous la seule condition que le moyen mis en œuvre pour en obtenir la possession ne dégénérât pas en délit. L'arrêt de 1900 apporte à ces principes une importante modification. Il reconnaît tout d'abord et proclame que l'autorité domestique dont le mari est légalement investi, lui donne le droit de rechercher la preuve d'une offense faite à son honneur ou de quelque manquement grave aux devoirs du mariage. Il est certain que par cette formule la Cour entend réserver au mari les pouvoirs de contrôle et de surveillance, qu'en l'état des textes actuels il serait difficile de lui contester. Mais, et c'est ici que change heureusement, selon nous, la jurisprudence, l'arrêt porte que le droit d'investigation du mari n'est pas illimité, et qu'il appartient aux tribunaux d'écarter les lettres qu'ils considèrent comme ayant un caractère secret et tout intime et comme étant advenues en la possession du mari par un usage abusif et déloyal du destinataire.

Voici quelle était l'espèce qui a donné lieu à cet intéressant arrêt : Mme P... avait introduit contre son mari une action en séparation de corps, basée sur des excès, sévices et injures graves. Le mari y avait répondu par une demande reconventionnelle en divorce, fondée sur des lettres injurieuses pour lui que sa femme avait écrites à une de ses amies. Cette dernière avait, de sa propre initiative, transmis les lettres au mari. Le tribunal de la Seine avait, par jugement en date du 28 décembre 1896, accueilli les deux demandes. Les époux P... avaient, l'un et l'autre, interjeté appel. La cour fit droit à l'appel de la femme ; elle réforma le jugement en ce qu'il avait admis la demande en divorce ; elle écarta du débat les lettres de Mme P... à son amie, parce que leur caractère confidentiel et la circonstance que la possession du mari était due à un manquement du destinataire au respect du secret, rendaient irrecevable leur production.

137. Nous applaudissons pleinement à cette orientation nouvelle de la jurisprudence, et bien que l'arrêt laisse entendre qu'une différence subsiste, entre le mari et la femme, au point de vue du respect que chacun d'eux doit à la correspondance de l'autre, le temps n'est peut-être pas loin où la cour envisagera le problème tel qu'il se pose, et lui donnera la seule solution qui soit d'accord avec nos idées modernes sur l'égalité que crée le mariage entre les époux.

« A notre avis, ainsi que le dit très justement M. Naquet, dans la note qui accompagne l'arrêt de 1900, chaque époux doit respecter le secret de la correspondance de l'autre, aussi bien le mari que la femme. La puissance maritale, si elle crée au profit du mari des pouvoirs spéciaux, ne saurait cependant comporter pour lui le droit de se procurer des lettres par des procédés indélicats. Sous ce rapport, il n'y a pas, au point de vue de la raison, de différence à établir entre le mari et la femme : aucun d'eux ne doit être autorisé, la morale publique s'y oppose, à user de moyens blâmables. » Et plus loin il résume ainsi la question : « Pour nous, le problème des lettres missives doit être envisagé autrement. Nous admettons que si, par suite d'une circonstance normale, les lettres adressées par l'un des époux ou écrites par lui tombent dans les mains de son conjoint, celui-ci peut, en tant qu'elles renferment la preuve d'une infraction aux devoirs du mariage, en faire état devant les tribunaux, car admettre le contraire serait, dans bien des cas, rendre l'administration de la preuve impossible, à raison du caractère intime des faits qu'il s'agit d'établir. Mais nous refusons aux deux époux le droit d'employer des mesures indélicates pour se procurer ces lettres, et nous considérons que le fait d'ouvrir sans autorisation les lettres écrites par son conjoint ou qui lui sont adressées, constitue un moyen indélicat, aussi bien de la part du mari que de la part de la femme. »

On ne saurait dire mieux, et nous partageons absolument cette doctrine, dans laquelle, au surplus, la cour de cassation a persisté. Un arrêt de date plus récente encore (5 août 1902, S. 1903.1.45) dispose qu'il est permis aux juges de faire état des lettres missives, quel que soit le conjoint qui les produise, pourvu que la possession de celui-ci ne soit pas le résultat d'un artifice coupable, d'une fraude ou d'un abus caractérisé. Ces expressions écartent nettement, pour le mari comme pour la femme, le droit d'invoquer des lettres missives, dès que l'origine de leur possession n'est pas correcte et régulière, d'après la loi aussi bien que d'après les mœurs.

138. 2° Il faut, en second lieu, pour que soit possible la production en justice d'une correspondance que celle-ci n'ait pas le caractère confidentiel. Nous avons longuement parlé, au cours de ce travail, des missives confidentielles. Aussi pourrons-nous être bref sur ce qu'il nous reste à en dire, au point de vue spécial de leur production en justice.

139. J'observe, tout d'abord, qu'il n'y a pas de texte de loi, ainsi que le dit M. Valéry, qui prohibe, d'une façon absolue, l'usage en justice des lettres confidentielles. Il est cependant unanimement admis, que ce droit ne saurait être reconnu, en principe, à qui que ce soit. Sur quelles raisons s'appuie cette règle ?

D'une part, sur une intention présumée de l'auteur de la lettre, qui n'a livré sa pensée intime que sous la condition qu'elle resterait secrète ; d'autre part, sur une considération d'ordre public ; si le caractère confidentiel d'une lettre ne formait pas, en effet, un obstacle à sa production en justice, il n'y aurait plus de sécurité dans les rapports sociaux ; il est indispensable que chacun puisse écrire sans craindre de voir ses plus intimes pensées livrées à la publicité que comporte tout débat judiciaire.

Ces raisons justifient suffisamment le principe que nous formulons, et les dispositions du Code pénal, qui érigent en délit et punissent le fonctionnaire, l'agent du gouvernement ou de l'Administration des postes, qui se rendent coupables du fait d'ouverture ou de suppression d'une lettre confiée à la poste, sont étrangères à ce principe, puisque les mêmes faits commis par un particulier ne sont ni incriminés ni réprimés.

140. Telle est donc la règle. Mais, comme son fondement n'est autre que l'intérêt même des personnes entre lesquelles la lettre a été échangée, il va de soi qu'elles peuvent renoncer à leurs droits. Toute lettre confidentielle pourra donc être produite en justice si son auteur et son destinataire y donnent leur adhésion, et leur consentement à cet égard, peut être exprès ou tacite pourvu, dans ce dernier cas, que les circonstances d'où les juges l'induiront, soient précises et d'un caractère non équivoque. Car la renonciation à un droit ne se présume pas (Voir l'arrêt de cassation du 5 février 1900, *in fine*, S. 1901.1.17).

Parcourons quelques hypothèses. Si le litige met en cause l'auteur et le destinataire, l'obstacle tiré du caractère confidentiel disparaît d'après l'opinion générale. L'auteur n'est pas fondé à s'en prévaloir pour faire écarter les lettres du débat. Les motifs invoqués à l'appui de cette manière de voir sont les suivants :

Les deux parties connaissent le contenu des lettres, et la règle de l'inviolabilité de leur secret n'a plus de raison d'être; en second lieu, l'auteur et le destinataire, en plaidant, doivent être considérés comme s'étant mutuellement dégagés de l'obligation du secret, pour le cas où un procès viendrait à naître entre eux sur les questions auxquelles ont trait les lettres échangées ; et enfin l'équité veut que le plaideur qui soulève une contestation où se trouvent engagés l'honneur et la fortune de son adversaire ne se fasse pas une position trop belle en déniant à ce dernier le droit de chercher à triompher d'une agression injuste, par la production d'une correspondance, qui lui appartient ou qui, du moins, est en sa possession, si confidentielle qu'elle puisse être.

141. Si le litige s'élève entre l'auteur ou le destinataire d'une part, et un tiers d'autre part, le caractère confidentiel des lettres formera, dans tous les cas, un obstacle à leur production, à moins que la partie qui s'en prévaut ne justifie du consentement de celui ou de ceux au profit desquels la production est interdite. A cette règle, il n'y a pas, je crois, d'autre exception à signaler que celle qui concerne deux époux plaidant en séparation de corps ou en divorce. Le caractère confidentiel des lettres échangées avec des tiers ne s'opposera pas à leur production, sous la seule condition que nous indiquions dans le paragraphe précédent, à savoir une possession régulière des lettres par l'époux qui les invoque. Il ne serait pas logique, en effet, de permettre d'opposer le caractère confidentiel, alors que le destinataire même domestique, ou parent à un degré qui le rendrait reprochable, resterait obligé d'en révéler le contenu dans l'enquête à laquelle il serait appelé comme témoin. Mais, si d'une manière générale, une lettre confidentielle ne peut pas être produite en justice, c'est évidemment à la condition que ce caractère ait pu lui être attribué par son auteur à l'égard de toute personne, et qu'il ne s'élève, sur son existence même, aucune difficulté entre les parties en cause.

142. Sur le premier point la solution sera facile pour le juge. Il appréciera souverainement les circonstances de fait. Ainsi un arrêt de la cour de Limoges, que cite M. Valéry, dans sa remarquable étude sur les contrats par correspondance (1), a refusé d'écarter des débats d'un procès une lettre adressée par le sous-directeur d'une société à son directeur, et qui renfermait la recommandation suivante : « Tout ceci bien confidentiellement entre nous ; il importe que personne autre que vous ne se doute de ces pertes subies par nos clients. » « La cour a estimé, dit justement M. Valéry, que malgré une volonté aussi nettement exprimée, la lettre étant exclusivement relative aux affaires de la société, et échangée entre deux de ses employés, lui appartenait de plein droit, que dans ces conditions son auteur ne pouvait lui imprimer un caractère confidentiel, et que

(1) Valéry, *Contrats par correspondance*, p. 311, n° 346.

chaque sociétaire pouvait en user dans la mesure de ses intérêts. »

143. Sur le second point, l'embarras du juge sera plus grand. L'une des parties invoque à l'appui de ses prétentions, des lettres missives, dont l'autre partie demande au tribunal d'écarter la production, à raison de la nature confidentielle de leur contenu. Si cette nature confidentielle est contestée, force sera bien aux juges pour trancher la question, de prendre connaissance de l'écrit. Or cette lecture peut avoir produit sur leur esprit une impression, que précisément la partie qui s'oppose à la production a intérêt à ne pas voir se produire. Et, d'autre part, comment procéder à l'examen des lettres, en l'absence de l'autre plaideur, que cette situation placerait dans un état d'infériorité vis-à-vis de son adversaire, puisqu'il ne serait pas mis à même de combattre l'influence que cette communication est susceptible d'exercer sur l'esprit des juges. On le voit, la question est délicate parce qu'elle engage des principes opposés et également respectables, celui du secret que l'on doit à des lettres confidentielles, et celui de la contradiction qui domine toute notre procédure civile.

144. La question s'est posée en 1880 devant le tribunal civil de Rennes, et la cour ensuite ; l'arrêt de cette cour a été déféré à la cour suprême, qui a statué le 9 février 1881, et dont la décision est suivie dans le *Recueil de Sirey* (81.1. 193), d'une longue et savante note de M. Labbé. Nous avons déjà eu l'occasion de parler de cet arrêt quand nous avons examiné la question de la transmissibilité des lettres confidentielles par voie héréditaire. Nous devons y revenir maintenant, parce qu'il statue précisément sur la question qui nous occupe. Voici les circonstances de fait qui ont donné lieu à ces débats : Après le décès du sieur Ménard, et au cours de l'inventaire qui suivit, un certain nombre de lettres émanées de deux de ses fils, Louis et Eugène, avaient été trouvées parmi ses papiers. Le notaire chargé de liquider la succession les avait retenues et gardées en dépôt. Au cours des opérations préliminaires au partage et qui avaient pour but de former la masse active, quelques-uns des autres enfants prétendirent qu'ils avaient le droit de prendre connaissance de ces lettres, en se fondant sur ce double motif, qu'ils en étaient copropriétaires avec leurs cohéritiers et qu'elles étaient de nature à leur fournir des renseignements précieux sur les rapports à effectuer à la masse. Louis et Eugène Ménard, les auteurs des lettres, s'opposèrent à cette prétention, alléguant qu'ils étaient seuls propriétaires de ces lettres, à raison de la nature confidentielle de leur contenu, étranger au surplus, à tout fait intéressant le règlement pécuniaire de la succession. Mais cette nature confidentielle, affirmée par la partie, avait besoin d'être judiciairement constatée. Les cohéritiers qui l'alléguaient proposaient, en conséquence, que les magistrats prissent connaissance des lettres, en la chambre du conseil, hors la présence des parties.

Le tribunal de Rennes adopta cette manière de voir, sans motiver d'ailleurs sa décision autrement qu'en affirmant son droit de recourir à cette voie de procédure « pour fonder et éclairer sa religion ».

Appel fut interjeté de son jugement, et la cour de Rennes fut du même avis, en l'appuyant des considérants suivants que nous reproduisons : « Attendu que la propriété des lettres missives confidentielles, propriété *sui generis*, n'ayant pas été l'objet des prévisions spéciales de la loi, doit être réglée suivant la commune intention des parties, auteur et destinataire ; que c'est dans la correspondance elle-même qu'il faut, de toute nécessité, en l'absence de tout autre document pouvant éclairer le juge, rechercher si les lettres en litige ont un caractère confidentiel, dans quelle mesure et à quel degré elles sont empreintes de ce caractère ;... que, dans la cause, les pièces et les documents servis au procès tendent à rendre vraisemblable ce caractère, et à un degré tel peut-être que la communication de ces lettres ne pourrait pas être autorisée en faveur des appelants ; que les premiers juges, ont, pour former leur conviction, ordonné les seules mesures d'instruction compatibles avec la nature spéciale de l'examen auquel ils ont besoin de se livrer ; que ces mesures sont sages et prudentes ; qu'elles ne sont pas contraires à la loi ; qu'elles sauvegarderont les droits et les intérêts les plus respectables des parties en cause... »

Sur le pourvoi formé par les cohéritiers Ménard, et basé sur la violation des droits de la défense, la méconnaissance des règles touchant la publicité, et la contradiction des débats, la chambre des requêtes de la cour suprême a rendu un arrêt de rejet, où on lit notamment : « Que, après des débats oraux contradictoires et publics sur la propriété de lettres déclarées par l'une des parties de nature confidentielle, débats qui ont rendu vraisemblables pour la cour d'appel les moyens invoqués par les défendeurs éventuels à l'appui de leurs prétentions, cette cour a pu, sans violer les règles sur la liberté de la défense et la publicité des débats, ordonner, pour se former une pleine et entière conviction, que les pièces litigieuses lui seraient soumises en la chambre du conseil, sans communication préalable, alors que cette communication était précisément l'objet de la contestation au fond ; que les juges, en pareil cas, étant forcés de recourir à un mode d'instruction de nature à ne point compromettre les droits qu'ils avaient à apprécier, ne pouvaient autoriser, à titre de mesure préalable, une communication qui aurait constitué par elle-même le rejet définitif d'une demande sur laquelle ils se réservaient de statuer ultérieurement ; qu'ils n'ont fait, d'ailleurs, qu'indiquer un mode de vérification personnelle, rendue nécessaire par des débats publics et contradictoires. »

145. Telle est la doctrine admise par la cour de cassation sur la question qui nous occupe. On ne peut nier qu'elle viole une règle fondamentale de la procédure, la règle de la contradiction. Je reconnais qu'il était malaisé de trouver un procédé qui respectât cette règle, sans porter atteinte, en aucune manière, au secret dû aux lettres confidentielles. Mais, admettre comme légal un mode de vérification, d'examen personnel par le juge, sans nulle contradiction, c'est sacrifier un principe qui domine toute la procédure, sans un résultat bien appréciable, ainsi que le remarque M. Labbé, dans sa note. Qu'on parcoure toutes les mesures d'instruction qu'organise notre Code, on n'en verra aucune qui comporte une exception à la grande règle de la contradiction.

146. M. L'abbé, ainsi que nous le disions, a critiqué, dans son ensemble, cet arrêt, et sa note tout entière est profondément instructive. Il démontre la faiblesse de l'argumentation qui a convaincu la chambre des requêtes. Il s'agit d'un mode de vérification personnelle, dit la cour, rendue nécessaire par des débats publics et contradictoires.

Le savant arrêtiste y répond : « Sans doute, les juges peuvent recourir à un examen direct de l'objet litigieux.

Mais, l'objet litigieux peut-il être soustrait à la connaissance d'une partie intéressée ? Quand un tribunal croit devoir se rendre sur les lieux auxquels la contestation se réfère, les parties doivent être averties et peuvent être présentes. Si le juge visite les lieux du litige, à l'insu des parties, il ne doit pas baser sa décision sur ce qu'il aurait constaté de ses propres yeux, dans cet examen non contradictoire. Voilà quelles sont les prescriptions de la loi, à propos de la vérification personnelle par le juge. Il ne suffit pas qu'un débat contradictoire ait précédé, la contradiction doit demeurer possible, aussi longtemps que le juge peut découvrir un élément nouveau de décision. Nous ne refusons pas au juge le droit d'empêcher la publicité d'une lettre confidentielle. Dans un débat oral et public, l'avocat d'une partie va lire une lettre. L'avocat adverse s'y oppose ; il connaît la lettre ; il affirme qu'elle est confidentielle,que sa lecture serait une inutile divulgation d'un secret, qu'elle vise au scandale et non à l'instruction de l'affaire. La lettre, dont la teneur est connue des deux plaideurs, passe sous les yeux des juges qui décident si elle sera lue ou mise hors du débat. Cette manière de procéder ne déroge nullement à la loi de l'instruction contradictoire. Elle déroge à la loi de la publicité, qui comporte, en effet, des exceptions. Il y a des lettres qui ne sont pas destinées à être publiées, produites en justice, comme il y a des témoins qui ne doivent pas être interrogés. La transmission de la propriété des lettres à l'héritier n'emporte pas le droit pour l'héritier de se faire une arme d'une simple confidence, encore moins de spéculer sur le scandale d'une publication inattendue. La justice reste investie du pouvoir de maintenir un équitable équilibre entre celui qui veut tirer un avantage d'une coupable indiscrétion et celui qui trouve commode de rétracter, sous prétexte de confidence, des aveux compromettants. »

147. La justesse de ces critiques nous incline à rejeter cette opinion et à lui préférer le procédé, auquel la cour de Toulouse a donné sa sanction, dans un arrêt du 6 juillet 1880 (S. 80.2.115). Il consiste, après que le tribunal a pris connaissance du contenu des lettres en la chambre du conseil, à autoriser les parties, à en prendre elles-mêmes connaissance et à en retirer copie, dépôt préalablement fait de ces pièces au greffe.

Les intérêts de la partie qui s'oppose à la production des missives ne sont pas sacrifiés, comme par le premier procédé. M. Valéry (1) remarque avec raison que cette seconde manière enlève presque tout intérêt à la décision qui interviendra ensuite à cet égard ; car toutes les personnes auxquelles la teneur des lettres peut profiter ou nuire ont pu librement les parcourir. Cela est vrai ; mais, il faut nécessairement sacrifier, dans une certaine mesure, un des intérêts en présence à celui qui lui est contraire (2).

Le même savant auteur se demande s'il ne serait pas possible de trouver un procédé d'instruction qui permît de trancher le différend sur le caractère d'une lettre, sans porter atteinte à aucun intérêt légitime.

« Je crois, dit-il, pouvoir en indiquer un que j'emprunte aux formes tracées par la loi pour les instructions par écrit (Procéd. civ., art. 93, 94, tit. III).

« Toutes les fois qu'il sera fait opposition à la production d'une lettre, sous prétexte qu'elle est confidentielle, le tribunal ordonnera la remise de la pièce contestée, et décidera qu'il sera délibéré sur l'incident, au rapport d'un de ses

(1) Valéry, *Op. cit.*, p. 514, n° 351.

(2) Voir également : Trib. civ. Bourgoin, 31 mai 1884, *Gaz. Pal.*, 84, 2, *Suppl.*, 17.

membres, lequel devra se borner à indiquer les caractères de cette pièce sans en faire connaître le texte ; le jugement préparatoire, rendu à la suite de ce rapport, statuera sur l'admission ou le rejet de la lettre ; de cette façon, il n'en sera donné lecture au tribunal tout entier que si sa production est admise, et cette lecture pourra être limitée à certains passages, dans le cas où il serait décidé que les autres doivent rester secrets. »

La légitimité de cette manière de procéder, que propose le savant professeur de la Faculté de Montpellier, n'est pas sans nous inspirer quelques doutes. Ce jugement préparatoire ne se trouvera-t-il pas, en définitive, être l'œuvre du seul juge-rapporteur. En outre, dans l'instruction par écrit, le juge-rapporteur se borne à un exposé des faits et des arguments invoqués par les parties ; il ne peut et ne doit exprimer aucune opinion personnelle. Et puis, enfin, n'est-il pas plus dangereux de confier à un seul membre du tribunal le soin d'apprécier si le contenu des lettres est ou n'est pas confidentiel, que de s'en rapporter, pour trancher cette question, au tribunal tout entier, ce qui rendra nécessaire une discussion, un échange de vues, avec les garanties qui en résultent pour l'intérêt des deux plaideurs. Nous soumettons très respectueusement ces réflexions à notre éminent maître.

148. Une note, insérée dans le *Dalloz*, sous le même arrêt de cassation du 9 février 1881 (D. P. 82.1.73), approuve, contrairement à la thèse de M. Labbé, le procédé que cet arrêt a déclaré légal et régulier. L'intégrité du droit, fait remarquer son auteur, doit, en cas d'incompatibilité, être préférée à la procédure, et le fond à la forme. Or, autoriser, au cours des débats, la communication à l'adversaire, c'est précisément sacrifier la forme au fond, puisque c'est cette communication même qui fait l'objet de la contestation. Remarques très justes, nous le reconnaissons. Mais suffit-il d'en constater le bien-fondé, pour que la contradiction qui est d'ordre général, comme intéressant le droit de défense, soit écartée d'un débat, où peuvent être engagés en définitive des intérêts de la plus haute importance ?

149. Il ne nous reste plus que quelques observations à présenter, sur l'obstacle que peut rencontrer la production d'une lettre dans la nature confidentielle de son contenu.

Une lettre anonyme ne pourra jamais être écartée pour ce motif ; car une correspondance anonyme, ne faisant point connaître son auteur, ne peut pas être considérée comme confidentielle, toute confidence supposant que celui qui la reçoit sait de qui elle vient.

Nous en dirons autant d'une lettre injurieuse qui, pour les raisons que nous avons données plus haut (n° 22), ne peut jamais être réputée confidentielle.

Il en pourra donc être fait état devant les tribunaux, et son auteur sera irrecevable à en opposer le caractère confidentiel, même si la production émane de personnes autres que le destinataire, pourvu, dans ce dernier cas, que ces personnes soient unies au destinataire par les liens de parenté ou d'amitié qui les lui rendaient chères et qui étaient connues de l'auteur, ou encore s'il existait entre elles et le destinataire des rapports de mandant et de mandataire. La Cour de Nîmes a fait une application intéressante de la règle, dans un arrêt déjà ancien (30 avril 1834, D. P. 34. 2.239) ; il s'agissait dans l'espèce, de lettres dans lesquelles l'auteur accusait d'adultère et d'inceste la fille de leur destinataire.

Dans une décision toute récente, qui émane du tribunal civil de Blois (*Gaz. Trib.*, numéro du 4 mars 1906, jugement du 1er février 1906), nous trouvons également une application des mêmes principes.

X..., provoqué en duel par Z..., écrivit aux témoins de ce dernier qu'il lui refusait toute réparation parce qu'il était loin d'être un galant homme, qu'il n'avait rien à revendiquer pour son honneur, et qu'il avait été convaincu de tricherie au jeu au cercle de..., à telle date... Z... actionne X... en dommages-intérêts pour réparation du préjudice causé par les lettres où étaient contenues ces imputations diffamatoires.

L'auteur des lettres repoussa leur production en alléguant leur caractère tout confidentiel. Le tribunal décida, à bon droit, que cette fin de non-recevoir était inadmissible, parce que X... devait supposer que les lettres adressées aux mandataires de son adversaire seraient nécessairement communiquées à celui-ci pour lui apprendre que toute réparation lui était refusée, ainsi que les causes de ce refus. Il décida, en conséquence, que les lettres devaient demeurer aux débats.

150. On s'est encore demandé si la disposition de l'article 8, § 2, du Code de commerce, est de nature à faire perdre à une lettre son caractère confidentiel au point de vue de son usage en justice. Aux termes de ce texte, tout commerçant est tenu de copier sur un registre les lettres qu'il envoie.

Suit-il, du fait même de cette transcription, que l'auteur est irrecevable, dans tous les cas, à se prévaloir du caractère de leur contenu pour en faire écarter la production ? La question est controversée. Je serais porté à admettre l'affirmative. L'esprit de la loi est que les lettres d'un commerçant puissent, si besoin est, être invoquées par toute personne qui y aura intérêt. La transcription sur le copie de lettres n'a pas en vue l'intérêt seulement du destinataire, car il est en possession des lettres que son cocontractant lui a écrites. Et puis, les articles 14, 15 et 16 du Code de commerce, en autorisant les juges à ordonner, dans certains cas la communication, dans tous les cas la représentation des livres des commerçants, n'impliquent-ils pas la présomption que la correspondance de ceux-ci ne doit pas, en principe, être regardée comme confidentielle. Remarquons, en effet, que ces textes s'appliquent, quel que soit l'adversaire du commerçant, car ils ne distinguent pas. C'est une observation qui paraît avoir échappé à M. Legris, qui enseigne la négative sur la question qui nous occupe. La jurisprudence et la majorité des auteurs sont dans le sens de notre opinion (1).

151. Nous connaissons maintenant les conditions de forme et de fond auxquelles doit être soumise la production des lettres devant la justice. Il ne nous reste plus, pour terminer ce paragraphe, qu'à prévoir deux hypothèses tout à fait spéciales, dans lesquelles, malgré la réunion de ces conditions, l'usage en justice de lettres missives va se trouver plus ou moins entravé, au préjudice de la partie que cet usage intéresse. C'est d'abord le cas où le destinataire niera avoir reçu les lettres ; c'est en second lieu celui où un tiers, en possession des lettres, se refusera à les produire. Quelle est alors la situation du plaideur ? Comment établira-t-il la

(1) Vanier, *Revue pratique*, t. XXI, p. 95, 1866 ; Tissier, *op. cit.*, p. 81-88 ; Valéry, *op. cit.*, p. 308, n° 342. — Caen, 10 juin 1862, D. 62.2.129 ; Marseille, 8 novembre 1882, *Rec. Marseille*, 83.1.36.

réalité de la réception, à supposer qu'il lui incombe de faire cette preuve ? Comment triomphera-t-il de la résistance du détenteur des lettres à les verser aux débats ? Questions délicates dont on aperçoit aisément tout l'intérêt.

152. A l'exemple de M. Valéry, nous distinguerons trois hypothèses. Les correspondants peuvent être commerçants l'un et l'autre : aucun d'eux n'a cette qualité ; elle appartient à un seul d'entre eux.

153. 1° Les parties sont l'une et l'autre commerçantes, et le destinataire nie avoir reçu la lettre dont la production est demandée. Si ses livres sont irrégulièrement tenus, la difficulté n'embarrassera pas beaucoup le juge. Car cette circonstance élèvera contre sa prétention une présomption qui, sans le secours d'une autre preuve, sera de nature à en faire rejeter la sincérité, ou tout au moins l'exactitude. Mais si ses livres sont bien tenus et qu'il ne s'y trouve rien qui soit de nature à faire tenir ses allégations pour mensongères, le juge se trouvera en présence d'une réelle difficulté. Selon la solution qu'il acceptera, le fardeau de la preuve incombera au destinataire ou à la partie adverse. Il faut supposer que cette dernière a pris, conformément à la loi, copie sur son registre, de la lettre expédiée. De cette circonstance, des auteurs soutiennent qu'il résulte, en faveur de l'expéditeur, une présomption d'après laquelle la lettre a été envoyée et a dû être reçue, à moins que le destinataire puisse fournir la preuve contraire.

Voici les arguments sur lesquels ils appuient cette manière de voir : Les juges ne peuvent pas exiger qu'une partie, pour justifier le fait qu'elle avance, prouve autre chose que l'accomplissement par elle des diverses conditions prescrites par le législateur, en vue de ce fait. Or, comment, en droit commercial, peut-on établir l'expédition d'une lettre, qui est le seul fait dont la preuve incombe à l'expéditeur. Par la transcription qui a dû en être faite sur un registre spécial, aux termes de l'article 8 du Code de commerce. Dès que l'expéditeur s'est conformé à cette exigence, il est en règle avec la loi. Il n'est pas tenu de démontrer par d'autres moyens, l'arrivée de sa lettre chez le destinataire. Et qu'on envisage les dangers que la nécessité de cette preuve, si on la mettait à sa charge est de nature à faire naître. Que le destinataire regrette les opérations intervenues, qu'il veuille se soustraire aux engagements dont témoignerait la lettre, et il lui suffira de nier que celle-ci lui soit parvenue pour réussir dans ses calculs malhonnêtes, d'une manière presque certaine.

Cette théorie est enseignée par des auteurs considérables et elle a trouvé faveur auprès de plusieurs cours et tribunaux (Lyon-Caen et Ch. Renault, *Traité de droit commercial*, III, n° 65 ; Ripert, *Essai sur la vente commerciale*, 1875, p. 228 ; Darquer, *Des contrats par correspondance*, p. 92 ; Cass., 18 novembre 1885, *Gaz. Pal.*, 85.2.736 ; Rennes, 9 décembre 1889, *Recueil Nantes*, 91.1.192 ; Poitiers, 3 juillet 1883, D. P. 84.2.208).

154. M. Valéry ne la partage pas, et nous croyons devoir nous rallier à sa manière de voir. Il montre très bien, en effet, qu'elle est contraire à des principes certains de notre droit, au principe que tout demandeur doit établir les faits qu'il allègue, à cet autre que toute personne est naturellement présumée être libre de tout engagement, au principe enfin qui veut que la bonne foi soit toujours présumée, celui qui allègue la mauvaise foi ayant la charge de la prouver.

Il fait remarquer, avec beaucoup de raison, que les livres des parties, tenus de part et d'autre très régulièrement, ne se trouvant point concorder dans leurs énonciations, il y a lieu de considérer qu'ils se neutralisent et il ne serait pas, dès lors, équitable d'ajouter foi au témoignage des uns et de refuser toute confiance à celui des autres.

Les dangers signalés sont-ils d'ailleurs si réellement à redouter ? Il faut observer que le négociant a dû concevoir et réaliser, au moment même où il recevait la lettre, la manœuvre destinée à en rendre impossible, plus tard, le cas échéant, la production. Je demande si c'est là le fait ordinaire et s'il vient à la pensée de commerçants, à l'heure où ils traitent ensemble, par l'échange de missives, de recourir, en vue d'une éventualité peut-être aussi éloignée qu'incertaine, à des manœuvres de la nature de celles qu'on prête au destinataire, dans l'hypothèse qui nous occupe.

155. La vérité, c'est que la transcription d'une lettre sur le registre à ce destiné, n'établit même pas le fait matériel de l'envoi de la lettre ; encore moins établit-il celui de sa réception. Car l'expéditeur a pu, par oubli ou négligence, et sans qu'il soit besoin de supposer aucune idée de fraude, ne pas mettre sa lettre à la poste. Il demande qu'une lettre par lui écrite à son adversaire actuel soit versée aux débats. Cette obligation ne peut être exécutée par le destinataire que si les conditions nécessaires à son existence se trouvent remplies, et la condition primordiale c'est qu'il l'ait reçue. C'est au demandeur à établir ce fait, conformément au droit commun. Cette considération me paraît décisive.

La preuve lui en sera, d'ailleurs, le plus souvent, très facile à administrer, soit parce que le Code de commerce ne renferme, dans aucune énumération limitative, les modes de preuve, soit parce qu'il s'agit d'un fait, et que les faits peuvent être établis par tout moyen.

156. 2° Supposons maintenant que le débat s'agite entre des non-commerçants.

L'hypothèse est plus simple. Tout le monde reconnaît, aucune obligation légale de tenue de livres n'existant ici, qu'il appartient à la partie qui demande la production d'une missive, à établir que le destinataire l'a bien reçue.

Si elle ne peut faire cette preuve, elle aura à s'imputer de n'avoir pas pris les précautions que commandait la prudence, par exemple en prenant soin de recommander la lettre ou en exigeant un avis de réception. Mais, comme il s'agit, ici encore, de démontrer l'existence d'un fait, le champ des moyens de preuve et des mesures d'instruction est illimité. Il sera donc assez rare que le demandeur ne puisse pas faire disparaître l'obstacle que rencontre la production qu'il sollicite. Il faut ajouter que lorsqu'il aura établi la réception de la lettre, si le destinataire, soit parce qu'il l'a égarée ou détruite, soit pour tout autre motif, ne la produit pas, il sera recevable, dans la mesure où il y a intérêt, à en prouver la teneur et le contenu, par tout moyen, en s'appuyant, selon les cas, soit sur l'article 1347, soit sur l'article 1348 du Code civil.

157. 3° Enfin, l'un des deux plaideurs seulement est commerçant. Cette hypothèse ne donne lieu à aucune difficulté. La question s'y résoudra d'une façon très simple par l'application des articles 1329 et 1330 du code civil.

157 *bis*. Il nous reste, pour terminer nos explications sur cette matière, à envisager l'hypothèse où les lettres dont la production est sollicitée par l'une ou l'autre des parties, par toutes les deux peut-être, sont en la possession d'un tiers qui, bien entendu, les détient légitimement. On s'est demandé si ce tiers peut être contraint à les verser aux débats, s'il appartient à la justice de lui adresser une injonction à cet égard, si cette injonction peut être sanctionnée et comment elle peut l'être.

La question s'est posée parce que le tiers détenteur des lettres serait tenu d'apporter son témoignage et de déposer sur les faits qu'elles renferment, si une enquête avait été ordonnée et qu'il y fût cité en qualité de témoin. Faut-il conclure de là que toute personne qui peut être forcée à déposer comme témoin d'un fait dont elle a connaissance peut également être contrainte à représenter des lettres qui lui appartiennent et dans lesquelles se trouve la preuve de ce fait, réserve faite du cas où elle aurait reçu cette confidence à un titre et en vertu d'une profession ou d'une qualité qui lui permettrait de se retrancher derrière l'obligation du secret ?

158. Quelques auteurs, et notamment M. Demolombe, enseignent l'affirmative. Mais nous ne partageons pas leur sentiment, pour les raisons suivantes, qui nous paraissent concluantes. Comment, en effet, concilier cette doctrine avec le grand principe du secret des lettres, principe qui a en vue aussi bien l'intérêt de l'auteur que celui du destinataire ? Si le destinataire est propriétaire de la correspondance qui est en sa possession, nul n'a le droit de le contraindre à verser aux débats des papiers qui font partie de son patrimoine. Si, comme nous l'avons admis, on ne le considère pas comme propriétaire d'une correspondance confidentielle, il y a toujours une question de personnalité, d'intérêt particulier qui se trouve engagée par le fait de la production en justice et dont il doit être le seul juge.

« On objecte que les juges, qui ont pour mission de rechercher la vérité, doivent avoir la faculte d'ordonner toutes les mesures qu'ils estiment propres à produire ce résultat, sous la seule condition de ne pas violer la loi. Or, il n'y a pas de texte qui interdise aux juges d'intimer à quelqu'un de produire un document lorsque ce document est de nature à éclairer le litige et à leur permettre d'en apprécier le fond en meilleure connaissance de cause. Loin de là, en permettant aux tribunaux d'ordonner la représentation et la communication des livres de commerce, le compulsoire, l'interrogatoire sur faits et articles, la délation du serment, la comparution personnelle, il les autorise formellement à recourir aussi au mode d'instruction dont nous parlons » (1).

Nous avons peine à admettre cet argument.

L'énumération de la loi n'implique-t-elle pas, au contraire, cette pensée que le juge ne peut pas, à son gré et selon sa fantaisie, recourir à des moyens d'instruction qui ne sont ni prévus ni réglementés ? Ce qu'il faudrait, c'est un texte formel qui autorisât le procédé sur la légitimité duquel nous discutons. A quoi bon si le juge est libre de son choix, cette énumération complaisante et détaillée ? A notre avis, le juge, en matière de mesures d'instruction, ne peut rien ordonner qui ne soit prévu par un texte. C'est le principe qui domine notre procédure civile.

Merlin a soutenu que si l'on ne pouvait directement contraindre un tiers à produire les lettres qu'il a entre les mains, on pouvait arriver à ce résultat par la voie du compulsoire,

(1) Valéry, *op. cit.*, p. 323-324.

et la cour de Riom, dans un arrêt du 8 janvier 1849, a partagé ce sentiment (D. P. 49.2.143). Cette décision n'a pas été généralement suivie. La jurisprudence lui est contraire, et à très juste titre, selon nous.

La voie du compulsoire n'est ouverte que sous des conditions limitativement déterminées. Il faut qu'il s'agisse d'actes reçus par des notaires ou autres officiers publics ; que l'expédition en soit demandée par des personnes qui n'y ont pas été parties ; que la communication de la pièce soit intéressante, au point de vue de la solution de l'instance. Or, quand il s'agit de lettres missives, la première condition, qui est essentielle, fait défaut ; les lettres sont des documents privés, qui sont l'exclusive propriété de ceux dont ils émanent. La forme même qui a été choisie, pour exprimer la confidence ou faire connaître à quelqu'un le secret d'affaires toutes particulières, exclut le droit pour qui que ce soit d'en pénétrer le secret (Voy. Dalloz, *Rép.*, V° Compulsoire, n° 5 ; Bioche et Goujet, *Dictionnaire de procédure*, V° Compulsoire, n°s 7 et 8 ; C. Rouen, 13 juin 1827, D. *Rép.*, V° Obligation, n° 4789 ; Cass., 1877, S. 77.2.161).

Nous concluons donc que l'obstacle à la production d'une correspondance, qui se trouve aux mains d'un tiers, et qui résulte du refus de ce tiers de la verser aux débats est absolu. Il n'y a pas de moyen légal, soit pour les parties soit pour le tribunal, de triompher de la résistance du détenteur des lettres (Voir encore : Carré et Chauveau *Lois de la procédure*, t. VIII, p. 368 ; Tissier, *op. cit.*, p. 90 ; Tours, 20 juin 1900, D. P. 1901.2.89).

SECTION II. — Quelles personnes ont le droit de produire en justice une correspondance.

159. Pour répondre à cette question, que nous n'examinerons qu'au point de vue civil, et en supposant le débat porté devant un tribunal de première instance ou de commerce, nous devons distinguer trois hypothèses :

a) Lettres échangées entre les parties ;

b) Lettres échangées avec des tiers et produites par un autre que le destinataire ;

c) Lettres échangées avec des tiers et produites par le destinataire contre un autre que leur auteur.

160. *a*) Je suppose tout d'abord le cas, le plus fréquent, celui où les lettres ont été échangées entre les parties, qui figurent l'une et l'autre au procès ; le destinataire a-t-il le droit de produire contre l'auteur la correspondance qu'il a entre les mains, et qu'il en a reçue ?

Il faut répondre affirmativement, sans distinguer selon la nature du contenu de la lettre, mais avec cette réserve toutefois que les tribunaux jouiront d'un pouvoir très étendu d'appréciation pour rechercher le motif auquel obéit le destinataire, en apprécier la légitimité et décider si la production devra ou non être autorisée. On peut, à cet égard, formuler la règle en ces termes : l'usage en justice par un plaideur, des lettres émanées de son adversaire, est toujours licite, à moins qu'il ne présente, pour la solution du litige, aucune utilité réelle, ou qu'il ne soit inspiré par une intention malveillante, à l'égard de l'auteur. L'exercice d'un droit, quand il ne poursuit d'autre but que le dessein de nuire, cesse, en effet, d'être légitime.

La règle posée pour l'auteur et le destinataire s'étend avec les mêmes restrictions, à leurs héritiers et ayants cause universels ou à titre universel.

161. Elle s'applique également, dans les rapports des

fonctionnaires et des employés avec leurs supérieurs ou leurs patrons. Nous avons vu plus haut, que les lettres écrites aux fonctionnaires, à raison du service dont ils sont chargés, aux employés des sociétés ou des maisons de commerce, à raison de leurs occupations, ne deviennent pas leur propriété, mais continuent à appartenir à leurs supérieurs ou à leurs patrons. Tout autre est la question de savoir s'ils ne peuvent pas faire usage de ces lettres, à les supposer encore en leur possession, légitimement, pour y puiser la justification de leur conduite ou de leurs actes, quand une difficulté s'élève à ce sujet ? Nous la tranchons par l'affirmative. D'une part, le droit de produire une lettre en justice ne découle pas nécessairement du droit de propriété sur cette lettre, et, d'autre part, les principes veulent que le mandataire ait la faculté de rechercher dans les titres constitutifs du mandat, la preuve qu'il s'est conformé aux instructions reçues, ou s'est acquitté de sa tâche dans les limites et selon les vues de ceux qui avaient autorité sur lui. Il y a une convention tacite, entre le mandant et le mandataire, convention qui autorise ce dernier à se servir contre le mandant des mêmes titres et des mêmes actes que l'on pourrait invoquer contre lui. L'équité serait violée, si l'on se refusait à admettre cette restriction au droit de propriété que, dans ces hypothèses, l'expéditeur conserve exceptionnellement sur la correspondance (*Sic* : C. Douai, 24 juin 1874, D. P.75.2.95 ; Trib. Seine, jugement du 12 novembre 1886, que l'on trouvera dans le numéro de *La Loi* du 20 novembre. — Cf. Rousseau, *op. cit.*, 6, 7 ; Tissier, *op. cit.*, p. 36 ; Hanssens, *op. cit.*, p. 215).

162. *b*) Le second cas à examiner est celui où les lettres échangées avec des tiers sont produites par un autre que leur destinataire. Il ne donne pas lieu, non plus, à de sérieuses difficultés. Cette production est possible et devra être accueillie, sous la seule condition que le destinataire, propriétaire de la lettre, ne s'oppose pas à l'usage que l'une des parties veut en faire, à supposer que la lettre ne soit pas confidentielle. Il n'est pas besoin de justifier de son consentement exprès. Il peut être tacite et s'induire de toute circonstance propre à en démontrer l'existence. La cour de cassation a jugé, avec raison, que des lettres adressées à un tiers sont, à bon droit, opposées à leur auteur, à titre de commencement de preuve par écrit, à l'effet de rendre admissible, la preuve testimoniale, par la partie qui les a en sa possession, d'une manière régulière et légitime. Dans l'espèce, il s'agissait d'une action en recherche de la maternité (Cass., 20 juillet 1880, D.P. 81.1.179. — *Sic* : Amiens, 27 décembre 1899, *Rec. Amiens*, 207.1900 ; Saint-Gaudens, 20 novembre 1899. *Gaz. Pal.*, 1900.1.349. — Voir cependant : Paris, 22 décembre 1906, *Gaz. Trib.*, 1er février 1907).

La jurisprudence admet même que le fait seul de la possession de la lettre fait présumer le consentement du destinataire à ce qu'il en soit fait usage contre l'auteur. Ainsi, le destinataire qui, depuis longtemps, a remis une correspondance à un tiers, et ne la lui a jamais réclamée, a été déclaré irrecevable à s'opposer à sa production. Il n'y a pas à se préoccuper du consentement de l'expéditeur, qui en se dessaisissant de la lettre, en a transmis, d'une manière définitive, la propriété au destinataire (Trib. civ. Seine, 9 janvier 1882, *Gaz. Trib.*, 10 janvier de la même année ; les auteurs, en général, approuvent cette décision ; *Sic* : Aubry et Rau, *Droit civil*, t. VIII, p. 291 ; Larombière, *Traité des obligations*, sur l'art. 1331 ; Massé, *Droit commercial*, t. IV, nos 24 63 et 24 64 ; Tissier, *op. cit.*, p. 78 ; Hanssens, *op. cit.*, p. 220).

Nous déclarons, avec cette réserve, la production des lettres par un autre que leur destinataire comme toujours possible. Mais, autre est la question de savoir si la preuve que prétend en faire ressortir la partie qui les invoque doit être considérée comme administrée. Je serais porté à répondre, en principe négativement. Car la lettre qu'oppose à son auteur toute autre personne que le destinataire constitue un aveu fait hors la présence de celui qui veut s'en servir ; cet aveu n'a pu être accepté par lui, et, par conséquent, il est susceptible d'être rétracté par celui de qui il émane. Il faut toutefois se hâter d'ajouter que la solution dépendra souvent des circonstances, et que les tribunaux ont, à cet égard, un pouvoir d'appréciation, que justifie la diversité des espèces qui leur sont soumises (Voir en ce sens : Cass. req., 2 janvier 1906, *Gaz. Pal.*, 18-19 mars).

163. Si la lettre que produit un tiers contre son auteur est revêtue d'un caractère confidentiel, au consentement du destinataire, doit se joindre celui de l'expéditeur. Ainsi que nous l'avons dit, dans la section précédente (Bordeaux, 15 juin 1903, *Gaz. Pal.*, 1903.2.418), c'est là l'opinion commune. Pour ceux qui admettent qu'une lettre confidentielle est restée la propriété exclusive de son auteur, le consentement de ce dernier est seul nécessaire. Cette manière de voir est la nôtre. Et toutefois, l'opposition du destinataire pourrait, dans certains cas, être reconnue légitime, par exemple, si le contenu de la lettre intéresse sa personne, son honneur ou sa réputation.

Au surplus, le consentement soit de l'expéditeur, soit du destinataire, peut, ici comme tout à l'heure, être exprès ou tacite. Le tribunal saisi du litige qui donne lieu à la production, apprécie souverainement les faits et les circonstances (1).

Mais, nous n'admettrions pas, comme l'enseignent M. Legris (*op. cit.*, p. 192), MM. Tissier (*op. cit.*) et Hanssens (*op. cit.*, p. 221), que le tribunal, dans le cas où ni l'auteur ni le destinataire ne s'interposeraient, aurait la faculté de repousser, d'office, la production faite par un tiers d'une correspondance d'un caractère confidentiel. Le secret qui doit entourer une correspondance de cette nature n'a pas, à ce point, un caractère d'ordre public, et si les parties intéressées à la non-divulgation n'y mettent aucun obstacle, pourquoi les juges refuseraient-ils d'en faire état ? (Grenoble, 23 avril 1904, *Mon. Jud. de Lyon*, 9 juin 1904).

164. Avant de quitter cette hypothèse, remarquons qu'il est un cas dans lequel un tiers peut, de son propre chef, faire usage de lettres dont il n'a pas été le destinataire. Cela se produit lorsqu'il ressort de la nature du contenu des lettres ou de l'objet en vue duquel elles ont été écrites, que l'intérêt du tiers a préoccupé tout particulièrement l'auteur. Dans ce cas, du moment où le tiers est légitimement en possession des lettres, il a le droit d'en faire usage, comme il le pourrait si elles lui avaient été directement adressées.

Ainsi un enfant qui cherche à établir sa filiation naturelle, du côté de sa mère, peut produire les lettres, même confidentielles, écrites à des tiers s'il est avéré que la pensée de son seul intérêt a inspiré l'auteur des lettres. Il n'aura pas à justifier, dans cette hypothèse, du consentement du destinataire. N'est-il pas, à considérer le fond des choses, le vrai destinataire ? (Cass., 26 juillet 1864, D. P. 64.1.347).

(1) Trib. comm. Anvers, 18 juillet 1891, S. 92.4.12 ; Orléans, 5 août 1892, S. 92.2.312 ; Limoges, 12 février 1894, S. 95.2.17.

165. *c*) Nous arrivons à la troisieme hypothèse que nous avons prévue, celle où le destinataire demande à produire les lettres contre une personne autre que leur auteur.

Le peut-il ? Oui, si ces lettres ne sont pas confidentielles. Dans le cas contraire, le consentement de l'auteur lui sera nécessaire, et son adversaire opposera valablement l'absence de cette autorisation, comme une fin de non-recevoir. L'inviolabilité du secret des lettres, qui fléchit par une sorte d'expropriation faite dans l'intérêt supérieur de la société, en matière criminelle, subsiste dans toute sa plénitude quand il s'agit de contestations d'ordre purement privé.

Les arrêts qui consacrent ces solutions sont en grand nombre, et la doctrine s'y rallie à peu près unanimement (Voir notamment les décisions suivantes : Cass., 26 juillet 1864, D. P. 64.1.347 ; Nancy, 11 mars 1869, D. P. 69.2. 223 ; Cass., 3 mai 1875, D. P. 76.1.183 ; C. Paris, 16 juin 1888, *Gaz. Pal.*, 88.2.195 ; Cass. req., 27 mars 1900, S. 1901.1.121 ; Cass., 15 février 1906, *Gaz. Pal.*, 27 mars ; Larombière, *Obligations* sur l'article 1331 ; Hanssens, *op. cit.*, p. 219).

Dans l'espèce, sur laquelle a statué l'avant-dernier arrêt que nous rapportons, l'arrêt du 27 mars 1900, l'acquéreur, par adjudication d'un immeuble, s'est vu opposer des lettres missives échangées entre un locataire et le propriétaire ; c'est le locataire qui a produit ces lettres contre l'acquéreur et qui y a puisé la preuve de l'existence du bail, pour assurer, à son profit, l'application de l'article 1743 du Code civil. Les lettres avaient acquis date certaine, par la mort de leur auteur, antérieurement au jugement d'adjudication. Remarquons que les lettres étaient bien opposées à un tiers. Car l'acquéreur n'est pas l'ayant cause universel ou à titre universel du vendeur, et, par suite, n'était pas tenu de ses obligations. Des questions intéressantes, étrangères à notre sujet, s'élevaient à l'occasion de ce litige. La cour suprême les a tranchées. Une note très substantielle de M. Naquet commente cet arrêt dans le *Recueil de Sirey*. On peut la lire avec autant d'intérêt que de profit, en la rapprochant de celle que publie le *Dalloz* (année 1900.1.449), et qui est due à M Guénée. — Voir aussi : Cour d'appel de Paris, 2 avril 1906, *Gaz. Trib.*, numéro du 10 juin 1906.

CHAPITRE IV

RÔLE DES LETTRES MISSIVES DANS LA FORMATION DES CONTRATS.

SECTION I. — Généralités.

166. Les contrats qui se forment par correspondance, ont pris et prennent chaque jour un développement plus considérable. Etendre le cercle de ses affaires, multiplier les transactions, c'est le but auquel tend tout commerçant ; mais la grande concurrence qui règne dans toutes les branches de l'activité économique, l'invite à traiter à distance, les débouchés locaux n'assurant, pour ainsi dire plus, la vie industrielle ou commerciale. Ce besoin n'est pas né pourtant, dans nos sociétés modernes. De tout temps on a songé à conclure des conventions par correspondance. Des personnes séparées par la distance ont pensé à se rapprocher et à échanger leur consentement par le moyen d'intermédiaires de toute nature. On peut voir dans l'ouvrage de M. Valéry, qu'à Rome comme au moyen âge et dans les temps modernes, la matière des contrats par correspondance a préoccupé les législateurs et les jurisconsultes. Les décisions que l'on rencontre dans leurs ouvrages, les arrêts de nos Parlements, les commentaires de nos anciens auteurs, particulièrement de Domat et de Pothier, témoignent de l'intérêt qui s'attachait déjà à cette étude, et sont des sources précieuses que consultent encore avec profit l'interprète et le juge.

Mais des causes nouvelles expliquent l'importance considérable de ces contrats dans le droit actuel. D'abord l'absence presque complète de tout formalisme dans la manifestation de la volonté. Toutes les conventions sont, de nos jours, à de très rares exceptions près, purement consensuelles, et se prêtent sans nulle difficulté, à leur formation entre personnes que sépare la distance, et qui se trouvent par suite de cette circonstance, dans l'impossibilité d'échanger leurs vues directement et de vive voix. En second lieu, le nombre et la variété des moyens de communication de la pensée, leur perfectionnement et la modicité de plus en plus grande du prix de leur emploi, a contribué dans une large mesure à ce développement. On peut ajouter que les relations économiques ont franchi les frontières et sont devenues internationales, grâce aux traités intervenus entre les pays qui ont organisé l'Administration des postes à l'état de service public. Et ce ne sont pas seulement les commerçants qui ont mis à profit ces facilités pour développer leurs transactions par correspondance. Les particuliers non marchands y ont recours dans bien des cas, et M. Valéry observe avec raison que nous faisons tous quotidiennement, par lettres ou par télégrammes, des opérations de Bourse, des achats de vêtements, de livres, de nouveautés ; des locations d'appartements pour une saison d'été, des engagements de serviteurs ou d'employés, etc...

167. La lettre missive, dont nous nous sommes plus spécialement proposé l'étude, est, tout le monde en convient, de tous les procédés de communiquer entre absents, le plus avantageux ; il n'est point fugitif comme la parole d'un messager ; il laisse un titre aux mains du destinataire ; il émane directement de l'expéditeur, qui ne pourra s'en prendre qu'à lui-même de toute conséquence fâcheuse qui résulterait de l'obscurité des termes ou de la mauvaise écriture ; il est signé par lui ; même dans le cas exceptionnel de l'absence de signature, la conformation des lettres témoignera de qui l'écrit émane. Aussi la plupart des contrats par correspondance utilisent-ils cet agent de transmission.

168. Le rôle des lettres missives dans la conclusion de ces conventions, est donc particulièrement important. Nous nous proposons de compléter le présent travail par une étude de ce rôle, ce qui nous permettra d'exposer dans leur ensemble, les principes et les solutions qui régissent les contrats formés par un échange de lettres, qui sont, sans nul doute, les plus fréquents parmi les contrats par correspondance. Il est bien entendu que cette expression embrasse dans sa généralité, non seulement les lettres proprement dites, mais tous les écrits analogues, cartes-lettres, cartes postales, cartes-télégrammes transmises par tube pneumatique, lettres ou cartes circulaires, prospectus, annonces par la voie des journaux. Au point de vue de la formation et de la conclusion d'un contrat, le mot doit être pris dans ce sens très large, et d'autre part, l'intermédiaire chargé de la remise de la lettre ou de la transmission de la pensée écrite pourrait ne pas être celui employé d'ordinaire, l'Administration des postes, qu'on ne se trouverait pas moins en présence d'un contrat conclu par lettres.

169. Mais cette dernière hypothèse est devenue très rare aujourd'hui par suite des textes de lois qui ont établi, au profit de l'Etat, le monopole exclusif du transport des lettres. C'est lui ou plutôt c'est l'Administration des postes, rattachée à l'Etat, qui fait office d'intermédiaire entre ceux qui veulent échanger des communications, en vue de la conclusion ou de l'exécution d'un contrat. Or cet intermédiaire comme tout autre, prend des engagements envers les personnes qui s'adressent à lui, comme celles-ci en contractent à son égard. Ces engagements réciproques naissent-ils d'un contrat ou d'un quasi-contrat ? Quelle est la nature du fait juridique qui leur donne naissance ? Telle est la première question que nous devons poser et résoudre, car des intérêts sérieux s'attachent à sa solution. Quel est le moment où les lettres que l'Administration est chargée de transmettre cessent d'être la propriété de l'expéditeur pour devenir celle du destinataire ? Dans quelle mesure sa responsabilité est-elle engagée dans le cas d'irrégularités relevées dans leur transmission ? Quels seront les tribunaux compétents pour apprécier cette responsabilité, à supposer que l'Administration prétende s'y soustraire et que les parties intéressées soutiennent des prétentions contraires ? Autant de points dont la solution suppose connu le caractère juridique des rapports qui s'établissent entre l'Administration des postes et les particuliers qui s'adressent à elle.

170. Voyons d'abord la question, au regard de l'expéditeur.

Il est une opinion restée isolée qui soutient que l'on ne contracte pas au sens légal du mot avec l'Administration des postes ; on l'invite à remplir une obligation légale. Elle constitue un service public et accomplit le but en vue duquel elle existe et fonctionne, comme le fait un tribunal, saisi d'un litige, ou une administration hospitalière à laquelle on remet un enfant abandonné. D'où la conséquence qu'entre le service des postes et des particuliers, il ne se forme aucun rapport dérivant d'un contrat. Le régime légal qui régit ces rapports est fixé par des lois spéciales, et soustrait à toute influence de la volonté des particuliers. Les règles du droit commun ne sauraient, quelles que soient l'insuffisance ou les lacunes de ces lois, être appliquées en cette matière par voie d'analogie.

Cette doctrine ne pouvait pas recueillir l'adhésion des auteurs. Elle confondait les services que seul l'Etat peut rendre, dont seul il peut et doit assurer l'institution et le fonctionnement, parce qu'ils sont la raison d'être de son existence, avec ceux qui peuvent être l'œuvre des particuliers et dont ces derniers peuvent assurer la marche et le bon fonctionnement, aussi bien, mieux peut-être qu'il ne le ferait lui-même. C'est dans cette seconde catégorie que rentre le service du transport des lettres. A proprement parler, l'administration postale n'a pas un caractère public. Elle ne détient aucune portion des pouvoirs publics, de la fortune publique. Le transport des lettres peut être entre les mains de simples particuliers, sans que la marche et l'action des pouvoirs publics soient en rien compromises. Si l'Etat s'en est réservé le monopole, c'est que des considérations fiscales l'y ont poussé. Mais toutes les règles exceptionnelles qu'il peut édicter au sujet de ce service, ne sauraient empêcher que les relations qui s'établissent entre lui et les particuliers ne dérivent d'un contrat, dont il faut préciser la nature et les caractères.

171. On pourrait y voir un mandat, et c'est en ce sens que le Conseil d'Etat s'est prononcé dans un avis à la date du 6 août 1883 à l'occasion de difficultés qu'avait soulevées le droit de l'expéditeur d'opérer le retrait des lettres par lui confiées à la poste avant leur remise au destinataire (Voir *Bulletin mensuel des postes*, 1884, n° 19, p. 809 ; Instruction, n° 314). Des auteurs d'une grande autorité partagent ce sentiment (1).

On oppose à cette manière de voir que le mandat a pour but « l'accomplissement d'un acte juridique, et que tel n'est point, en général, le caractère des services que rend l'administration postale » (Valéry, *op. cit.*, p. 73).

Je remarque tout d'abord, qu'en certains cas, l'idée de mandat ne peut pas être écartée, parce que les opérations que l'expéditeur charge la poste d'effectuer sont précisément des actes juridiqnes. Exemples : Faire ou recevoir un paiement, prendre un abonnement à un journal.

Mais il faut aller plus loin, à mon sens, et il faut admettre qu'il peut y avoir mandat, même si les actes que doit accomplir le mandataire sont des actes non juridiques. C'est dire que je me rallie pleinement à la doctrine qui voit dans le contrat qui intervient entre l'Administration des postes et l'expéditeur d'une missive, un contrat de mandat.

Et d'abord, l'article 1984 du Code civil n'est pas, il faut en convenir, d'une précision absolue, en ce qui touche la nature des « choses » que le mandataire est chargé de faire; c'est de l'emploi des mots « pouvoir de faire quelque chose au nom du mandant » que l'on induit la pensée du législateur de se référer à des actes juridiques. Le raisonnement est simple : La loi, en réputant nés en la personne du représenté, les droits et les obligations résultant des actes du re-

(1) Delamarre et Le Poittevin, I, n° 163 ; Ripert, *Essai sur la vente commerciale*, p. 231 ; Demante et Colmet de Santerre, t. VIII, n°s 201 et 201 *bis*.

présentant, implique qu'il s'agit d'actes juridiques, ceux-là seuls pouvant produire de tels effets.

Je réponds, en premier lieu, que le mandataire peut agir en son propre nom, tout en restant mandataire, car il n'est pas de l'essence du mandat que le représentant agisse *procuratorio nomine.*

Mais il est à l'appui de notre opinion, des arguments plus solides. Elle est, on en conviendra, conforme à la tradition tout entière. Nul doute qu'à Rome, il n'y ait mandat dans l'ordre donné d'accomplir un acte non juridique, à la condition qu'il n'y ait pas de rémunération promise, ou, s'il y en avait une, qu'elle ne fût pas l'équivalent du service rendu, celui-ci étant de ceux qui ne se prêtent pas à une évaluation pécuniaire exacte. Mais alors, comment distinguer le mandat du louage ? Ici, fut imaginée la division des arts mécaniques et des arts libéraux. Ainsi, l'avocat, le médecin, le professeur furent toujours considérés comme des mandataires. La même doctrine fut admise dans notre ancien droit.

Le Code civil la repousse-t-il ? On le soutient, en se fondant sur ce que le mandataire oblige, dans les principes du droit actuel, le mandant envers les tiers, sans s'obliger lui-même, contrairement à ce qui se produisait, en droit romain. Mais Pothier admettait ces mêmes principes et avait adopté la distinction des arts mécaniques et des arts libéraux (*Traité du mandat*, n°s 83 et 87).

Donc, que sera dans le système que nous combattons, l'ordre donné et accepté de faire un acte non juridique pour le compte d'autrui, ce qui est bien le cas, pour le contrat postal ? On répondra : C'est un contrat innomé. Fort bien ; mais à quelles règles obéira-t-il ? Car, là est toute la question ; à celles qui régissent le contrat nommé le plus voisin, nécessairement. Or, ce contrat, c'est le mandat, et le savant continuateur de Marcadé, Paul Pont, est obligé d'en convenir, ce qui condamne, comme trop étroite, sa définition du mandat (Pont, t. VIII, n° 825, *Petits contrats*).

L'article 1984, je le répète, n'est pas en opposition absolue avec notre système. Les termes qu'il emploie « faire quelque chose », permettent de comprendre dans le mandat, même l'acte non juridique, et c'est par inadvertance que se sont glissés les derniers mots : « pour le mandant et en son nom ». On a pris la formule de Pothier, en en modifiant la forme. Pothier disait : « Donner un mandat, c'est charger quelqu'un de faire quelque chose *en sa place.* » Ce qui ne l'empêchait pas d'admettre que cette chose n'est pas nécessairement un acte juridique.

La jurisprudence a sanctionné cette manière de voir, et elle persiste, en dépit des contradictions de la doctrine, à considérer, par exemple, les notaires et les avocats comme des mandataires (arrêt célèbre de la cour suprême du 27 janvier 1812, S. 12.1.14 ; Agen, 4 mars 1889, D. 90.2.281).

Si les idées que nous venons de développer sont exactes, il suit que le contrat d'où résultent les rapports entre l'administration et l'expéditeur est un contrat de mandat.

172. D'autres auteurs proposent de considérer l'administration postale comme un courtier. « Mais, dit avec raison M. Valéry, le courtier prend l'initiative d'un contrat et son rôle consiste à amener la conclusion d'un marché entre deux personnes, jusque-là étrangères l'une à l'autre » (Valéry, *op. cit.*, p. 74).

173. L'opinion la plus généralement suivie, je dois le reconnaître, assimile le contrat postal au louage d'ouvrage, et, avec plus de précision encore, au contrat de transport ou louage des voituriers. Mais, comme on l'a fait observer, des différences, souvent essentielles, avec ce contrat apparaissent, si l'on examine le rôle joué par l'administration postale dans son ensemble ; et de là M. Valéry conclut que le contrat postal est une variété du louage de services, bien distincte du contrat de transport. Quant à nous, nous croyons plus juridique de nous en tenir purement et simplement à l'idée du mandat.

174. Examinons maintenant la même question à l'égard du destinataire. Là encore, bien des systèmes se sont fait jour.

Les uns admettent qu'il n'y a pas de lien juridique entre l'administration et le destinataire, et ils en tirent d'importantes conséquences, au cas où la remise des missives qui sont adressées à ce dernier s'effectue irrégulièrement, ou bien lorsque l'Administration, sous un prétexte quelconque, se refuse à les lui délivrer. Il n'a de recours dans ces hypothèses, que contre l'expéditeur, qui agira, de son côté, par l'action *mandati* contre la poste.

Une autre opinion, partant de l'idée beaucoup plus juste que l'Administration des postes est établie dans l'intérêt commun des personnes entre lesquelles s'échange une correspondance, enseigne qu'à l'égard du destinataire, elle est un gérant d'affaires, et accepte toutes les conséquences de cette qualité.

Et c'est, en effet, le seul point de vue exact. Dès qu'elle existe et fonctionne, la poste se déclare prête à faire parvenir au destinataire toutes les lettres le concernant, avant même que ces lettres lui soient remises à elle, de telle sorte que l'acte constitutif de la gestion est bien spontané. J'ajoute qu'il est utile au destinataire, car la règle, c'est que le destinataire a intérêt et trouvera avantage à recevoir toutes les correspondances qu'on lui adresse, quelle qu'en soit la nature.

174 *bis*. M. Valéry fait remarquer que le caractère contractuel des rapports entre l'administration et le destinataire résulterait, au besoin, si l'idée de gestion d'affaires paraissait insuffisante, d'une autre théorie juridique, celle de la stipulation pour autrui.

Il y a bien, en effet, de la part de l'expéditeur qui remet une missive à la poste, une stipulation au profit du destinataire, stipulation qui a pour objet le droit pour celui-ci de réclamer le bénéfice de tous les avantages nés à son profit du contrat auquel il a été étranger, pourvu qu'avant toute révocation du stipulant, il déclare vouloir s'en prévaloir expressément ou tacitement. On rentre, en somme, littéralement, dans l'une des deux hypothèses prévues par l'article 1121, celle où la stipulation pour autrui est déclarée valable lorsqu'elle est la condition d'un contrat à titre onéreux qu'on fait pour soi-même. L'expéditeur a fait avec l'administration un contrat de mandat salarié, avec lequel se combine la stipulation pour autrui. Au fond, cette manière de voir diffère peu de la précédente, car, il faut de toute nécessité, rattacher à un principe du droit, à une notion élémentaire ce résultat, à première vue singulier, à savoir que deux personnes contractant ensemble, font acquérir un droit à une troisième et, parmi les systèmes proposés, celui qui est le plus suivi, au moins par la doctrine, consiste à voir dans le stipulant pour autrui un gérant d'affaires. Ce système, déjà indiqué par Pothier, est profondément juridique. Au fond, au vrai, le stipulant fait pour autrui sans mandat, ce qu'il aurait pu faire, comme mandataire, s'il en avait eu préalablement le pouvoir. Quoi qu'il en soit, ce qui est certain, c'est qu'il existe entre l'Administration et le destinataire, des rapports contractuels, rapports de nature à engendrer, pour l'un comme pour l'autre, le cas échéant, des obligations et des droits.

SECTION II. — Concours et concordance des volontés dans les conventions conclues par lettres.

175. Toute convention consiste dans l'accord de deux ou plusieurs personnes, accord qui fait naître entre elles des effets juridiques.

Cet accord suppose, chez chacune d'elles, un consentement échangé sur les points essentiels, de l'acte à intervenir. D'où la conséquence qu'il n'y a concours de deux volontés en vue de la formation d'un contrat, que si ces volontés ont été mises en présence, en quelque sorte, et invitées à prendre possession l'une de l'autre.

Or le consentement des parties à un contrat peut bien, en principe, se manifester d'une manière quelconque ; mais encore faut-il que la volonté de contracter revête une forme particulière permettant d'en connaître l'existence. La volonté interne n'est pas une volonté ; tant qu'elle ne se traduit pas, au dehors, par un acte extérieur, le droit ne la connaît pas ; car, à la différence de la morale, il s'arrête au seuil de la conscience, et ne pénètre pas dans le for intérieur pour condamner ou approuver des pensées, indifférentes si l'on considère seulement son domaine qui est l'ordre matériel.

176. La volonté intime étant inopérante, au sens du droit, devra donc s'incorporer dans un acte extérieur et apparent, se manifester, comme nous le disions.

Il y aura de toute nécessité, dans la formation d'un contrat, deux actes successifs : l'une des parties prendra les devants et manifestera sa volonté la première ; elle proposera à l'autre de traiter sur des bases déterminées.

C'est l'offre ou pollicitation ; l'autre donnera son adhésion à la proposition qui lui est faite, elle y consentira ; c'est l'acceptation. Le contrat dès lors est conclu.

Les choses se passent ainsi, que la convention soit conclue entre personnes présentes ou entre absents.

Mais dans les contrats entre présents, si l'acceptation est postérieure à l'offre, le plus souvent, à vrai dire, l'intervalle qui les sépare n'est pas appréciable. Presque au même moment, les deux volontés se sont manifestées et leur con cours existe.

Dans les conventions entre absents, et plus spécialement dans celles qui se forment par lettres missives, un intervalle plus ou moins long séparera nécessairement les deux termes essentiels du consentement. Mais au point de vue qui nous occupe ici, la difficulté qui pourrait résulter de cette circonstance disparaît grâce à une présomption, unanimement admise et placée depuis longtemps hors de toute controverse, c'est que l'offre ou pollicitation dure et subsiste tant qu'elle n'a pas été anéantie. De là, il suit que lorsque celui à qui elle s'adresse déclare y adhérer, sa volonté rencontre celle du proposant, que l'on peut considérer comme émise à ce même moment ; le concours se produit et le contrat est formé.

177. La pollicitation est le premier des deux éléments consécutifs du consentement ; elle est la partie préparatoire de la convention. Celui de qui elle émane en fait connaître par lettre les éléments à l'autre partie. Mais la lettre, pour constituer l'offre d'un contrat, devra embrasser toute la convention proposée. C'est par ce caractère qu'elle se distinguera des pourparlers. Tant que ces derniers omettent une condition essentielle du marché, il n'existe pas de pollicitation ; il n'y a qu'un projet.

En pratique, il y aura là souvent matière à des appréciations d'un caractère délicat, car il arrivera fréquemment que des correspondances échangées se dégagera ce fait que chacune des deux parties a pris une part plus ou moins grande à la rédaction définitive de l'offre. Quelle est, en ce cas, l'offre véritable ? C'est celle qui a été présentée la dernière, toutes les autres rentrant dans la catégorie des pouparlers. Un exemple montrera l'intérêt de cette remarque : Pierre, qui voudrait acquérir la maison de Paul, lui écrit pour lui demander s'il serait disposé à la vendre. Paul répond qu'il n'est pas actuellement disposé à la vendre, mais que peut-être selon le prix qui lui serait offert, il verrait s'il n'est pas de son intérêt d'accepter le marché. Voilà de simple pourparlers de part et d'autre. Pierre écrit et fait offre d'un prix, voilà une pollicitation ; si Paul répond : ce prix me convient et vous pouvez compter sur ma maison, le contrat est formé. Mais si sa lettre ajoute : Je désire toutefois que le prix soit payé comptant et je tiens à rester en jouissance de mon immeuble pendant six mois encore, ce n'est plus une acceptation, c'est une offre nouvelle, subordonnée, pour que le contrat se forme, à l'assentiment du premier proposant.

178. Dans tous les cas où chacune des parties aura coopéré à donner à l'offre sa forme définitive, il est bon d'observer que le juge, s'il s'élève des difficultés, aura pour devoir de tenir la balance égale entre les volontés opposées et de les limiter réciproquement l'une par l'autre.

179. Lorsque des pourparlers s'engagent, l'offre est toujours adressée à une personne déterminée, destinataire de la missive où elle est contenue. Mais il peut ne pas en être ainsi, et il est des cas où l'auteur de l'offre l'adresse à une personne indéterminée, au premier amateur. C'est que la personne de l'acceptant lui est alors indifférente, surtout s'il s'agit d'un marché commercial.

Cela se rencontre dans les hypothèses devenues de nos jours si fréquentes, où la pollicitation emprunte pour se manifester les formes variées de l'annonce commerciale, prospectus, circulaires, prix-courants, remis ou envoyés à tous ceux que l'on suppose devoir s'intéresser aux propositions qu'ils renferment. Ces formes dans lesquelles le proposant fait ses offres sont, comme nous l'avons dit, des lettres, au sens large du mot. Si donc l'offre ainsi faite est complète, si elle s'explique sur les éléments essentiels du contrat, dès qu'elle est acceptée par quelqu'un, la convention prend naissance. Il y a eu coexistence et concours des volontés, cela suffit (Paris, 5 janvier 1882, D. 82.3.110 ; Trib. comm. Vienne, 2 octobre 1900 ; *La Loi* du 22 novembre 1900).

180. Toutefois, à raison même des circonstances particulières dans lesquelles se forment ces contrats, des questions délicates peuvent s'élever, qu'on ne rencontre pas, au moins en général, lorsque les offres s'adressent à une personne déterminée.

Ainsi certaines annonces ont pour objet une proposition de convention relative à un corps certain. Il faut admettre que leur auteur a sous-entendu que le contrat conclu avec le premier acceptant fait disparaître toutes offres adressées à d'autres personnes, qui n'auront à s'en prendre qu'à elles-mêmes, si elles font connaître trop tard leur acceptation. Cela serait vrai, par exemple, d'une vente, puisque la même chose, envisagée *in specie*, ne peut pas être vendue deux fois, à un même moment.

Si, au contraire, l'offre faite par l'un des procédés indiqués plus haut s'applique à des choses *in genere*, on peut se demander si son auteur sera, dans tous les cas, obligé vis-à-vis des acceptants successifs, qui se feront connaître ? en principe, oui ; à moins qu'il ne se soit écoulé, depuis le jour des offres, un espace de temps assez long pour faire présumer que toutes les marchandises, toutes les quantités offertes, ont été écoulées. Car, la pollicitation, par voies d'annonces, est toujours censée faite avec cette réserve tacite.

D'autres fois, les réserves résulteront de la nature du commerce auquel se livre le proposant. Ainsi, les prix courants s'appliqueront tantôt à la vente en gros, tantôt, au contraire, à la vente en détail, pour attirer le consommateur.

181. On s'est encore demandé si l'offrant par voie d'annonce est tenu d'exécuter le contrat qu'il a proposé vis-à-vis de toute personne, qui déclare en accepter les conditions, ou s'il lui est permis de faire un choix et de se refuser d'entrer en rapport avec tel ou tel. La réponse dépend d'une distinction : l'annonce se borne-t-elle à constituer un pur élément de publicité qui ne revêt aucun caractère juridique ; contient-elle ou implique-t-elle des réserves, qui laissent en fin de compte, l'auteur des propositions maître d'agréer ou d'exclure le client ? Alors, sans nul doute, il lui est loisible de ne contracter qu'avec les personnes de son choix. Au contraire, constitue-t-elle une offre complète, il est tenu de traiter avec n'importe quel individu qui déclare l'accepter.

Au premier cas, l'offre véritable émane du client, et l'annonce était destinée à la provoquer. C'est pour cela que l'auteur de l'annonce reste le maître d'agréer ou de repousser cette offre (Trib. comm. Nantes, 2 avril 1871, *Rec. Nantes*, 71.1.141 ; Trib. civ. Carpentras, 17 février 1890, *Gaz. Trib.*, 12 avril 1890).

182. La question de savoir si une annonce contient une offre ou ne présente qu'un mode de publicité est une question de fait dont la solution est abandonnée à l'appréciation souveraine des tribunaux.

Nous pouvons toutefois parcourir quelques espèces pour essayer d'en dégager une règle. Il se peut d'abord que le contrat proposé soit de ceux où la considération de la personne joue un rôle prépondérant, louage de services, société, dépôt. Il n'est pas douteux que le proposant garde toute liberté, dans de telles hypothèses, quant à la faculté d'agréer ou de refuser tel ou tel acceptant.

Il se peut encore que l'offre de contracter n'ait pas en vue une convention fondée absolument sur l'*intuitus personæ*, mais néanmoins suppose certaines conditions particulières chez l'acceptant, dont la non-existence justifierait un refus de traiter avec lui,

Ainsi les commerçants sont, à raison de leur enseigne, en état d'annonces permanentes vis-à-vis du public. Mais il est sous-entendu, dans leurs offres, que l'acceptant ne sera pas agréé, s'il se trouve dans une situation telle que l'annonce ne pouvait s'adresser à lui. M. Valéry cite le cas d'un aubergiste qui a le droit de refuser de recevoir chez lui des bohémiens dont la présence causerait le départ des autres voyageurs ; ou d'un perruquier qui est fondé à refuser ses soins à un individu atteint d'une maladie contagieuse (*op. cit.*, p. 213).

183. Mais faut-il aller plus loin et enseigner avec certains auteurs, que l'offre qu'adresse au public un commerçant, par le fait même qu'il fait connaître la profession qu'il exerce, ne l'oblige, si elle est acceptée par un tiers, que suivant son bon plaisir et sa fantaisie ? J'estime que la négative est certaine. L'industriel et le commerçant acceptent de se considérer comme liés d'avance envers tous ceux qui adhèrent aux conditions qu'ils proposent, pourvu toutefois, que ces offres puissent être considérées comme subsistant au moment de l'acceptation. Si on ne leur reconnaît pas cet effet, elles n'ont aucun sens, et j'avoue ne pas saisir l'objection que fait à ce système un auteur, en soutenant qu'il n'est pas juridique, parce qu'il faudrait, de deux choses l'une : « ou dire que le consentement implique en dehors de l'offre et de l'acceptation, un troisième élément, qui consisterait dans l'agrément de l'acceptation par l'auteur des offres ; ou prétendre que l'offre est faite sous la condition tacite de cet agrément, condition purement potestative, qui vicierait l'obligation dans son principe, aux termes de l'article 1174 du Code civil ».

Ce raisonnement repose, je crois, sur une méprise ; il considère que l'offre émane du client, alors que celui-ci s'est borné à faire connaître qu'il était prêt à traiter sur les bases que le commerçant lui-même a fixées. C'est donc bien une acceptation qu'il donne, consécutivement à une offre, et leur concordance forme un contrat, dont désormais aucune des parties ne peut par sa seule volonté se dégager. Des décisions judiciaires ont été rendues dans ce sens, et on doit les approuver (Aix, 15 juin 1855, S. 57.2.94 ; Trib. comm. Seine, 5 janvier et 15 juin 1869, D. 69.3.14 et 55 ; Trib. comm. Marseille, 1er mai 1891, *Rev. de droit int. marit.*, 1891, p. 44 ; Just. paix Montdidier, 14 mars 1893, *Gaz. Pal.*, 93.2.206).

184. De ces quelques développements, nous pouvons conclure, d'une manière générale, que les propositions faites par la voie des annonces, sous toutes leurs formes, sont obligatoires, lorsqu'elles ne contiennent, au moins implicitement, aucune réserve, et que le contrat se forme irrévocablement par le seul fait de leur acceptation.

185 ; L'acceptation est le second élément du consentement, c'est la réponse à la proposition que l'offre contenait ; c'est un acte volontaire par lequel son auteur agrée l'offre.

Celui-ci doit donner son adhésion pure et simple, sinon, le lien juridique n'est pas encore formé, et l'on pourra, suivant les cas, se trouver en face d'une contre-proposition qui exigerait, à son tour, l'agrément du premier pollicitant, ou retomber dans de simples pourparlers, ne valant même pas en qualité d'offres. Nous reviendrons bientôt sur ce point.

185 *bis*. Il n'y a rien à dire, si ce n'est que le droit commun s'applique, en ce qui concerne la capacité de l'acceptant. Mais, qui pourra accepter ? N'importe qui, si l'offre est faite à personne indéterminée ; celui-là seulement qui en était le destinataire, si l'offre ne s'adresse qu'à lui.

Mais, il faut admettre qu'une personne qui n'était pas comprise parmi les destinataires, pourrait accepter les offres, si le proposant ne pouvait pas établir que ses offres avaient un caractère individuel ; Ex. : Pierre envoie à Jean ses prix-courants de vins ; Jean, qui a sa provision, communique à Paul cette annonce ; si Paul écrit à Pierre et lui fait une commande dans les termes et sur les bases que le prospectus détermine, Pierre ne saurait se refuser à traiter avec lui. Car il ne serait pas écouté, s'il venait soutenir que ses annonces, adressées à Jean et à tant d'autres, ne l'ont pas été à Paul et ont, par suite, un caractère individuel.

186. L'acceptant peut faire connaître sa décision, en employant dans sa lettre une langue différente de celle dont s'est servi, dans la sienne, l'auteur de l'offre. Dans ce cas, chacun des destinataires fera traduire dans la langue de son pays la lettre écrite dans une autre langue, et le contrat se formera sans difficulté. Il n'y a pas de texte qui exige que les parties se comprennent, et leur dénie le droit de recourir à des intermédiaires, qui joueront le rôle d'interprètes ; tous les contrats sont consensuels ; exiger quelque chose de plus que l'accord des volontés serait contraire à ce principe ; il est également indifférent que l'acceptant dans sa lettre, accompagne son adhésion à l'offre de quelque observation, qui ne change rien à l'acquiescement qu'il donne ; tel serait le cas, cité par M. Valéry, d'une lettre dans laquelle on déclare accepter de souscrire à des actions d'une société en commandite ou anonyme, « à la condition expresse de n'être responsable des pertes de la société que dans la limite du montant de ces actions ».

187. Nous avons déterminé en quoi consistent l'offre et l'acceptation, quels caractères elles doivent présenter. De leur concours ou tout au moins de leur concordance, naîtra la convention. Cet accord existera, s'il y a conformité de l'acceptation à l'offre, tant sur l'objet que sur la nature et les manières d'être exceptionnelles de l'obligation à faire naître.

L'acceptation qui porte sur un autre objet ou sur un autre contrat que ceux mentionnés dans la pollicitation, ou qui en modifie les modalités, peut constituer une offre nouvelle, mais ne forme évidemment pas de lien. En pratique, des difficultés pourront s'élever dans divers cas, dont l'étude détaillée ne rentre pas dans notre cadre. Au surplus, ce seront là, le plus souvent, des questions de fait, et les juges en seront les appréciateurs souverains. Dans cet ordre d'idées, à savoir le concours et la concordance des volontés de l'offrant et de l'acceptant, une hypothèse spéciale doit retenir un moment notre attention ; c'est l'hypothèse où se rencontre un concours fortuit de volontés, manifestées simultanément par les parties, par exemple, quand deux lettres d'offres se croisent.

187 *bis*. Supposons que les deux lettres contiennent l'offre de la même chose, sous des conditions de tout point identiques. On ne peut nier qu'il y ait un concours de volontés. Mais, il est fortuit, et non intentionnel. Aussi, des auteurs enseignent-ils qu'il y a alors deux questions dont aucune ne peut valoir comme réponse de l'autre ; il n'y a donc pas contrat, puisque le contrat résulte d'une question et d'une réponse.

Dans un autre système, on admet que l'offre qui arrive la dernière équivaut à une acceptation : le concours des volontés, résultat du hasard, à l'heure où l'on écrivait, devient intentionnel, après la réception de la première lettre, et l'autre partie en est avisée par la réception de la seconde lettre qui s'est croisée avec la sienne.

On objecte aux auteurs qui acceptent cette manière de voir que les rôles des parties dans le contrat vont dépendre de circonstances toutes fortuites, telles, par exemple, qu'un service de distribution plus ou moins promptement fait dans une localité que dans une autre ; or, cela n'est pas admissible ; j'ai voulu être le proposant, et si le hasard me donne le rôle d'acceptant il en peut résulter pour moi une modification de compétence, aux termes de l'article 420 du Code de procédure civile, résultat qui ne peut se produire que si ma volonté lui a été conforme, au moins implicitement. Cette critique est-elle bien fondée ? Peut-on vraiment dire que le concours des volontés n'est pas devenu intentionnel, dès qu'a été reçue la première lettre ? Chacun des correspondants, en proposant un contrat à l'autre, et en recourant, pour porter ses intentions à sa connaissance, au procédé habituel de communication entre absents, la lettre missive, n'a-t-il pas la pensée que son offre conviendra et sera agréée ? Evidemment ; et alors, n'est-il pas raisonnable de présumer qu'il a dû aussi envisager l'hypothèse où l'autre partie le devancerait, et lui adresserait une proposition identique, ce qui lui donnerait le rôle d'acceptant ? Ce qu'il veut, avant tout, c'est contracter, et il lui est assez indifférent de le faire, en une qualité ou en une autre. De quel poids peut être, en présence de ce résultat recherché, une question de compétence, à laquelle sa pensée s'est certainement bien peu arrêtée, quand il a écrit et expédié sa lettre d'offres ?

Ces observations paraissent d'autant plus justes que l'hypothèse de deux lettres d'offres qui se croisent est presque chimérique, si l'on ne suppose pas, entre leurs auteurs, l'existence de relations d'affaires antérieures, ou si l'on ne suppose pas qu'ils sont l'un et l'autre des commerçants.

188. Les auteurs qui font le raisonnement que nous venons de critiquer enseignent qu'il y a lieu de reconnaître ici deux offres distinctes, et que le contrat ne se formera que lorsque l'une des parties assurera son droit par une acceptation régulière. Parmi eux, figure l'auteur le plus considérable, en matière d'obligations, M. Larombière, qui remarque « que les propositions qui se croisent, sont solitaires et indépendantes ; qu'elles ne sont pas mises dans des rapports de demande et de réponse, d'offre et d'acceptation ; qu'il n'y a pas de *consensus in idem placitum*, de rendez-vous précisément donné et accepté, donc pas de convention » (Tome 1, p. 20, *Traité des obligations*).

Quelque regret que j'éprouve à ne pas partager l'opinion de l'éminent jurisconsulte, il me paraît plus juridique d'admettre qu'il y a contrat. Notre droit s'est pleinement dégagé de tout ce qui ressemblerait à du formalisme. Il exige un concours des volontés, mais il n'exige pas que ce concours se manifeste d'une manière ou d'une autre. Sans doute, ainsi que l'observe très justement M. Valéry, l'offre et l'acceptation seront les modes les plus communs de manifestation de concours, parce que, d'ordinaire, un seul des contractants a l'initiative de la convention. Mais ces modes ne sont pas exclusifs, et tous les actes qui témoignent, d'une façon certaine, de la volonté réciproque, suffisent à constituer le concours. Maintenant, si par un hasard impossible, mais qu'enfin il faut prévoir, les deux lettres sont remises simultanément à leurs destinataires, nous déciderons, le contrat se formant à ce moment, qu'il se forme aux deux endroits à la fois. Cette solution, d'ailleurs, ne donnera pas lieu en fait à de sérieux inconvénients.

189. Telles sont les règles générales que nous devions exposer concernant l'offre, l'acceptation, et la concordance qu'elles doivent réunir, pour que le contrat prenne naissance et produise les effets qui lui sont propres.

Ces conditions étant remplies, toutes les conventions pourront résulter d'un échange de lettres missives, sauf celles, devenues très rares, que la loi soumet à des formes exceptionnelles, pour leur existence et leur validité, telles que la donation, le contrat de mariage, la constitution d'hypothèque.

190. On a pourtant contesté le principe que je formule, dans son application à une hypothèse, qui offre un grand intérêt pratique, l'hypothèse de l'acceptation d'une lettre de change. On sait que l'acceptation est un contrat unilatéral par lequel le tiré s'engage à payer le porteur à l'échéance. Cette acceptation doit être donnée par écrit. Ainsi le décide l'article 122 du Code de commerce. Déjà l'ordonnance de 1673 avait prohibé les acceptations verbales ; le Code actuel, plus précis, veut que l'acceptation soit exprimée par le mot *accepté* suivi de la signature de l'acceptant ; il est certain que ce n'est point là une disposition écrite en vue de la preuve, et qui n'ait d'autre but que de déroger aux principes généraux du droit commercial, concernant l'admission de la preuve testimoniale. Tout le monde est d'accord là-dessus. Mais, où l'on se divise, c'est sur le point de savoir si l'acceptation mise sur la lettre elle-même produira seule les effets spéciaux déterminés par les articles 118 et suivants du Code de commerce, ou s'il faudra attribuer ces mêmes effets à l'acceptation par acte séparé, notamment à l'acceptation contenue dans une lettre missive. J'admets l'affirmative, contrairement il est vrai à l'opinion générale de la doctrine, mais d'accord avec plusieurs arrêts de la cour de cassation (3 juin 1862, 11 mars 1863, 15 février 1882, 19 novembre 1889, S. 90.1.204).

C'est la règle, tout d'abord, que tout contrat peut se conclure par lettre missive. Cette règle est-elle écartée par un texte formel, dans le cas qui nous occupe ? L'article 122 dit bien que l'acceptation est exprimée par le mot accepté, suivi de la signature du tiré ; mais, est-ce que l'idée d'acceptation se rattache nécessairement, dans la pensée du législateur, à une lettre de change, et non pas à une lettre missive ? On l'induit de l'expression employée. L'argument ne nous paraît pas décisif, et il le faudrait tel, puisqu'il s'agit de déroger au droit commun.

La tradition était conforme à notre manière de voir, et l'on peut lire, dans le compte rendu des travaux préparatoires, que le duc de Cambacérès ferma la discussion par ces mots : « Puisque le projet n'exclut pas l'acceptation par lettres missives, on en conclura naturellement qu'il la permet » (Locré, t. XVIII, p. 46 et 47).

On nous oppose que la loi, ayant permis expressément de donner l'aval par acte séparé, a, par *a contrario*, exclu de cette faveur l'acceptation.

Cette objection me semble sans valeur. Le donneur d'aval est un tiers ; il ne figure, déjà, à aucun titre, sur la lettre de change ; dès lors, pour devenir partie à l'opération, il eût été nécessaire que son intervention se manifestât sur la lettre elle-même, si la loi, pour des raisons d'intérêt pratique, n'en eût décidé autrement. Il n'en est pas ainsi du tiré ; il figure sur la lettre, qui, très souvent, ne sera même pas présentée à son acceptation. On comprend très bien, à raison de cette situation antérieure, que le législateur n'ait pas cru devoir dire expressément qu'il peut donner son acceptation par lettre missive. La chose allait de soi, comme l'a parfaitement fait observer le président du conseil d'Etat.

Nous conclurons donc, avec la jurisprudence, que l'acceptation par lettre missive d'une lettre de change, non seulement vaut comme simple promesse, mais encore comme obligation commerciale, avec toutes les conséquences qui en résultent, telles que la solidarité, l'engagement direct du tiré envers le porteur, la prescription quinquennale.

SECTION III. — **Quand un contrat conclu par lettres est-il formé et en quel lieu se forme-t-il ?**

191. Nous abordons, avec cette section, une question grave et intéressante, parmi toutes celles que soulève la théorie des contrats par correspondance ; grave, par les intérêts nombreux qu'elle engage ; intéressante, par le côté scientifique qui la caractérise.

Quand le contrat a lieu entre présents, s'il est vrai que l'acceptation est nécessairement postérieure à l'offre, l'intervalle qui les sépare n'est pas appréciable, et le contrat se forme par un échange et un concours des volontés, qui se font connaître simultanément l'une et l'autre.

La situation n'est plus la même, dans les contrats qui se forment par lettres. L'intervalle est toujours appréciable, entre le moment où l'acceptation se produit et celui où l'offrant en a connaissance. D'où une difficulté, qui sera de savoir si la perfection du contrat se place au moment où se manifeste l'acceptation, ou seulement au moment où la volonté d'accepter est connue du pollicitant — en d'autres termes, la volonté ainsi déclarée produit-elle son effet, lors de son émission, ou seulement lors de sa réception ?

192. Je remarque que la question se pose, aussi bien pour l'envoi d'une offre que pour l'envoi d'une acceptation ; si les auteurs ne l'étudient guère qu'à propos de cette dernière, c'est qu'elle présente une importance plus considérable, puisqu'il s'agit de la conclusion finale du contrat. De même, la question s'élève de savoir dans quel lieu on doit considérer que le contrat a reçu sa perfection. Elle se rattache à la précédente, en ce sens que ce lieu sera celui de l'émission de la volonté, ou celui où l'autre partie en aura eu connaissance, selon l'opinion que l'on adoptera. C'est cette double question qui s'offre maintenant à notre examen.

193. Avant d'exposer les divers systèmes auxquels elle a donné naissance, je crois bon de faire une remarque préliminaire :

Quelles que soient les différences que l'on puisse relever entre les contrats par correspondance et les contrats entre présents, quelles que soient les difficultés particulières auxquelles est de nature à donner lieu l'emploi d'un agent de transmission, entre personnes qui traitent à distance, il reste vrai que les principes et les règles générales qui gouvernent la théorie des contrats s'appliquent aux uns comme aux autres ; il reste vrai que les contrats entre présents sont le type, le modèle, et que par suite le devoir du juge et de l'interprète est de s'en écarter le moins possible, et, dans les questions controversées, de se rattacher, parmi les solutions proposées, à celles qui rapprochent le plus les contrats par lettres des contrats entre présents. On verra, au cours des développements qui vont suivre, l'intérêt de cette observation.

194. Un auteur allemand, M. Kœppen (1), a analysé les différentes opinions émises sur cette délicate question du

(1) *Der obligatorische Vertrag unter Abwesenden* (*Jahrbücher für die Dogmatik des heutigen Privatrechts*, 1871, XI, p.139).

moment de la formation des contrats, entre personnes qui traitent par correspondance, et il les a distribuées en trois catégories, qui sont les suivantes :

1° Système de l'information, d'après lequel le contrat se forme lorsque l'acceptation est connue de l'auteur des offres ;

2° Système de la déclaration qui place la formation du contrat au moment où l'acceptant s'est prononcé. Toutefois, cette formule est un peu vague, et les partisans du système se divisent sur la nature et le caractère des actes par lesquels se produit l'acceptation.

Les uns se contentent du premier acte extérieur qui la manifeste. Exemple : l'acceptant a écrit sa lettre d'acceptation. C'est la déclaration *stricto sensu.*

D'autres exigent que l'acceptant se dessaisisse de la volonté d'accepter. C'est la théorie de l'expédition. Exemple : il a remis sa lettre à un messager ou l'a jetée à la boîte. Enfin, les derniers veulent quelque chose de plus, et, d'après eux, le contrat n'est formé que lors de l'arrivée de l'acceptation chez l'offrant. C'est la théorie de la réception.

3° Système mixte, qui emprunte, ainsi que le remarque M. Valéry (p. 133), à chacune des théories précédentes la solution qui semble la meilleure pour chaque hypothèse particulière, sans poser de principe général applicable à tous les cas possibles.

Il appartient à un romaniste allemand, M. Windscheid, et de l'ensemble des idées qu'il développe dans ses *Pandectes* (p. 306 à 308), on peut dégager les règles suivantes qui le résument. Nous l'exposons immédiatement, pour n'avoir plus à y revenir : il a pour point de départ une distinction entre les conventions unilatérales et les conventions synallagmatiques. Dans les premières, l'acceptant doit-il devenir créancier, il forme le contrat par l'expédition de sa lettre ; doit-il être débiteur, la réception seule noue le lien juridique.

Dans les secondes, chaque contractant devient à la fois débiteur et créancier, l'expédition de l'acceptation liera l'offrant, mais l'auteur de l'acceptation ne sera lié que quand elle sera parvenue au pollicitant. La révocation soit de l'offre, soit de l'acceptation, opère indistinctement par l'expédition.

Mais ne pourrait-on pas soutenir, par les mêmes raisons qu'invoque M. Windscheid, que l'acceptant doit être toujours tenu par l'expédition de son acceptation, parce qu'en somme il a entendu s'engager ainsi ; et que le pollicitant n'est jamais lié que par la réception, parce qu'il ignore le fait de l'expédition ?

Aussi, ce système a-t-il recueilli peu d'adhésions. M. Kœppen n'accepte aucune des théories qui précèdent, et il propose un système qu'il déduit, affirme-t-il, des principes juridiques tels qu'on les trouve dans les œuvres des jurisconsultes romains. Il part de cette idée que dans les conventions, qui ont pour but de créer une obligation, l'offre est, à elle seule et par sa propre vertu, obligatoire : c'est, dit-il, « une délation d'obligation » faite sous condition d'acceptation ; ce serait une obligation conditionnelle ; si elle est acceptée, le contrat se forme au jour de l'offre, toute condition accomplie ayant un effet rétroactif. En d'autres termes, M. Kœppen considère l'offre comme une volonté de former le contrat, émise sous la condition rétroactive de l'acceptation ; mais, l'acceptation est un fait qui ne peut pas rétroagir ; c'est seulement au moment où elle a existé qu'a pu se produire la jonction des volontés nécessaire pour former le contrat.

L'idée, qui est à la base du système de M. Kœppen, peut être rapprochée de celle émise par Brinz, d'après laquelle le rôle essentiel dans la création d'une obligation appartiendrait au débiteur, que l'on considère comme ayant le pouvoir de créer à volonté une obligation sur lui-même au profit d'un créancier indéterminé.

Mais la théorie de M. Kœppen ne me paraît pas devoir être admise, parce qu'elle ne répond pas aux besoins de la pratique et parce qu'on ne peut pas soutenir qu'une offre non acceptée oblige son auteur. Dans ses conséquences, elle ne diffère pas sensiblement de la théorie de la déclaration. Nous n'avons pas à y insister davantage.

Reprenons successivement les deux grands systèmes entre lesquels se divisent les auteurs et les décisions judiciaires.

A. — Théorie de l'information.

195. Cette théorie enseigne que la volonté transmise au loin produit son effet seulement lorsqu'elle parvient à la connaissance du destinataire. Spécialement, puisque tel est le cas que nous envisageons, le contrat sera formé au moment où, par la réception de la lettre d'acceptation, l'auteur des offres est informé de l'existence de celle-ci. C'est cette théorie que nous croyons la plus conforme aux principes juridiques, et nous nous y rallions volontiers. Elle s'appuie, en effet, sur de solides arguments, et il ne nous paraît pas que ses adversaires en aient détruit la force.

196. Je remarque tout d'abord que l'offre, pour être valable, doit être connue de celui à qui elle est adressée. Pourquoi n'en serait-il pas ainsi de l'acceptation ? L'acceptation, ignorée du pollicitant, qu'est-ce autre chose qu'un projet ou qu'une volonté intime et purement mentale ; c'est la loi de toute manifestation de volonté, et l'acceptation n'est qu'une manifestation de volonté, tant qu'elle n'est pas connue du destinataire. Je vois bien, jusque-là, une coexistence de deux volontés, mais, je ne vois pas leur concours et, par suite, le consentement, nécessaire pour que l'on puisse dire que le contrat existe.

Car enfin, de deux choses l'une : ou bien il faut admettre qu'il suffit, pour qu'un contrat prenne naissance et que soit formé le lien juridique qu'il est destiné à créer, que les deux volontés se soient exprimées extérieurement, sans qu'il soit besoin que chacune d'elles connaisse l'existence de l'autre ; ou bien, au contraire, il faut dire qu'un contrat n'est formé que si les deux volontés « se connaissent et se combinent, se pénètrent réciproquement en quelque sorte et prennent possession l'une de l'autre. » Or, tout le monde admet qu'entre présents, le contrat n'existe que si les deux volontés réalisent cette dernière condition, et Kant (*Principes métaphysiques du droit*, I, ch. II, § 2, p. 18) dit avec raison : « Un droit personnel consiste dans la possession de l'arbitre d'une autre personne, comme faculté de la déterminer à une certaine action, compatible avec les lois de la liberté. »

Pourquoi n'en serait-il pas ainsi dans les contrats qui se forment par lettres, et où, par suite, la déclaration de volonté a lieu, de la part de chacune des parties, en l'absence de l'autre ? Quel est le moment où l'on peut dire, avec certitude, que les deux volontés ont pris réciproquement possession l'une de l'autre ? Evidemment, au moment où chacun des contractants sait que ce qu'il a proposé est agréé. Car, une prise de possession de la volonté de quelqu'un est un fait matériel et non purement intentionnel.

Puis-je posséder l'arbitre d'une personne, si je ne sais même pas que cette personne a consenti à mes propositions ? Les partisans de la théorie de la déclaration n'ont pas répondu victorieusement à ce premier argument.

Ils soutiennent qu'entre l'offre et l'adhésion à l'offre, il n'y a pas d'assimilation possible, parce que ces deux volontés sont de nature différente ; elles interviennent à des époques distinctes et la seconde suppose la connaissance de la première ; l'une est une question, l'autre une réponse ; on ne répond pas à une question qui n'est pas entendue ; mais rien n'empêche une réponse d'exister avant qu'elle soit connue.

Nous ne nions pas, en effet, que la réponse existe, dès que l'acceptant la manifeste par un acte extérieur. Mais existe-t-elle pour l'offrant ? Là est la question. Je veux dire, en est-il en possession, tant qu'il ignore qu'elle existe ? On prétend que, même entre présents, il y a des cas où la convention est parfaite, alors que l'acceptation n'est pas parvenue à la connaissance du proposant, et l'on cite l'exemple suivant : « A signe aujourd'hui un acte chez un notaire, B le signe deux jours après, l'acte est complet à partir de la date de la dernière signature, bien que A n'en ait eu connaissance que plus tard », mais on ne rédige pas un acte notarié pour former le contrat, on le rédige, ou plutôt on le fait rédiger en vue de s'assurer une preuve de la convention déjà arrêtée et conclue entre les parties ; sans doute, si l'une des parties refuse de signer l'acte, ce moyen de preuve fait défaut, et, en l'absence d'autres, la partie qui l'a signé sera dans l'embarras, pour établir l'existence du contrat. Mais, les contrats solennels mis à part, il n'est pas de convention dont la formation soit attachée à la condition de l'existence d'un acte notarié signé. Je ne dis pas que les parties ne puissent pas déroger à ce principe. Mais, dans ce cas, nous n'hésiterions pas à dire que tant que A n'est pas prévenu que B a signé, le contrat n'est pas parfait, en ce qui le concerne. La situation des parties doit être égale, et il ne faut pas que, tandis que l'une donne connaissance à l'autre qu'elle a signé l'acte, celle-ci, signant la dernière, la laisse dans l'ignorance d'un fait qu'il lui importe, à tous égards, de connaître.

Une seconde considération qui me paraît d'un grand poids en faveur du système de l'information est tirée de l'analogie, ou mieux de l'identité de rôle, entre un mandataire et une lettre missive ; la lettre agit exactement comme le mandataire qui engage le mandant à mesure qu'il exprime sa volonté ; la lettre oblige son auteur à mesure que le destinataire la lit et la comprend ; « *epistola non contrahit, sed nuntiat dominum contrahere* », disait Cujas (Liv. IV, tit. 50, Cod. *Si quis alteri*). Epictète avait dit avant lui « *Epistola tacitus nuntius* ». Or, nul ne met en doute que tant que le mandataire n'a pas, en exprimant les intentions du mandant, lié celui-ci, le mandant demeure libre de lui retirer sa mission, ce qui enlèverait toute valeur à des actes qui seraient postérieurs à cette révocation. La situation est, de tous points, la même si c'est une lettre que le destinataire a chargée de porter son acceptation à la connaissance du proposant. Il peut valablement la révoquer, avant qu'elle parvienne chez ce dernier, et si elle y arrive après la révocation, elle reste inopérante, toute valeur lui ayant été formellement retirée.

Les partisans des théories opposées se refusent à reconnaître la force de cet argument, et notre savant maître, M. Valéry, dont nous avons, plus d'une fois dans nos recherches, mis à contribution le remarquable travail, et avec lequel nous regrettons vivement de n'être point d'accord sur la question qui nous occupe, y répond en ces termes : « Quant à dire que l'acceptant est maître de révoquer sa décision, tant qu'il ne s'en est pas dessaisi, c'est un argument qui n'a aucune valeur par lui-même. Que s'agit-il, en effet, de déterminer ? le moment où les deux volontés se sont rencontrées. Quel est le rôle de la missive ? De faire savoir que ce concours des volontés s'est produit. Donc, il est nécessaire que le contrat ait pris naissance avant l'envoi de la missive destinée à annoncer son existence. Les adversaires du système de la déclaration avouent, à leur insu, que telle est bien la vérité, quand ils disent, comme Merlin, « la lettre n'est rien autre chose qu'un procureur muet que je vous envoie pour vous déclarer mon acceptation ». C'est donc que l'acceptation existe déjà, et comme le consentement nécessaire à la formation de toute convention se compose uniquement d'une offre agréée, le contrat est formé. » (Valéry, *op. cit.*, p. 153-154.)

Ces critiques formulées à l'encontre d'un des plus solides arguments, nous semble-t-il, de la théorie de l'information, en infirment-elles la force ? Je ne le crois pas. Est-ce que le procureur que je charge de se rendre auprès de l'offrant n'a pas reçu de moi le mandat de lui faire connaître mon acceptation, et par suite, cela ne suppose-t-il pas également que j'ai accepté les offres qui m'étaient proposées et que ma volonté et celle de l'autre partie sont tombées d'accord ? Oui, sans nul doute. Ne suis-je pas le maître cependant d'arrêter en route ce procureur et de lui retirer sa mission ? Qui le conteste ? Le contrat sera-t-il formé, s'il passe outre ? Qui l'oserait soutenir ? Et pourquoi en est-il ainsi ? C'est parce que le concours de deux volontés, dont l'une ignore que l'autre s'est accordée avec elle, est, vis-à-vis de celle-ci, comme n'existant pas, non pas philosophiquement parlant, mais sur le terrain du droit. Car, le droit n'est pas la philosophie, il ne faut pas l'oublier. Les choses doivent-elles se passer autrement, parce qu'au lieu d'un procureur, j'ai recours au procédé, plus pratique et plus expéditif, d'une lettre, pour porter mes intentions à la connaissance du proposant ? Non certes, et cela est si vrai que la lettre missive reste ma propriété, tant qu'elle n'est pas remise à son destinataire, exactement comme le procureur reste à ma disposition, tant qu'il ne m'a pas définitivement et irrévocablement lié par l'accomplissement de son mandat. On le voit, il faut en revenir toujours, en fin de compte, à traiter les contrats par lettres comme les contrats entre présents. L'acceptant, dans ces derniers, ne s'oblige pas, en ouvrant la bouche ; il s'oblige, au fur et à mesure qu'il exprime son adhésion, à l'offrant qui en prend connaissance ; si l'offrant ne l'entend pas, s'il ne perçoit pas les paroles prononcées, l'acceptant peut revenir sur une volonté dont n'a pas pris possession l'autre partie : Ainsi, la réponse orale à un sourd ne saurait engager personne, dit avec raison Merlin, et M. Laurent, observant que le pollicitant doit entendre la réponse de l'acceptant, pour que les volontés concourent, dit, avec non moins de justesse : « Il ne l'entend qu'au moment où il reçoit la lettre qui lui annonce l'acceptation. » La théorie de l'information s'appuie enfin sur des textes romains, qui confirment la donnée qui lui sert de base (Loi I, princip. Dig. *de verbor. obligat.*, XLV, I) et sur des textes du Code civil qui l'appliquent à une hypothèse particulière, il est vrai, mais tout en donnant à entendre qu'il s'agit là d'une règle commune à toutes les conventions. L'article 932 du Code civil, supposant une donation où l'offre et l'acceptation ont lieu par actes séparés, décide que la donation n'a d'effet à l'égard du donateur que si l'acceptation du donataire lui a été signifiée.

On a répondu à cet argument de texte, en faisant observer que l'article 932 est relatif à une matière spéciale, vue avec défaveur par le législateur, et que sa disposition pourrait bien n'être qu'une de ces solennités de forme, prescrites en vue de multiplier les chances de nullité des donations, mais que rien n'autorise à l'étendre à tous les contrats. Nous ignorons la pensée réelle qui a inspiré le législateur, quand il a édicté l'article 932. Mais, il suffit que ce texte existe et que sa disposition soit conforme à l'équité et aux données de la raison, pour qu'on ait le droit d'y voir une application particulière d'un principe général, faite par le législateur, quand il en a rencontré l'occasion.

On nous oppose l'article 1121 du même Code, qui, supposant une stipulation pour autrui, en subordonne l'efficacité à son acceptation par le tiers bénéficiaire, sans ajouter que cette acceptation devra être notifiée. Mais à qui eût-elle dû être notifiée ? Ce ne peut pas être au stipulant, avec lequel le tiers bénéficiaire n'entre pas en rapports, par le fait de son acceptation. Sera-ce au promettant ? Mais il lui est indifférent de connaître cette acceptation, car il est engagé envers le tiers bénéficiaire, dès que le contrat a été conclu entre lui et le stipulant, et il n'est pas en son pouvoir d'y rien changer, même avant qu'aucune acceptation du tiers intervienne. Comme on le voit, il y a là une situation juridique tout à fait particulière, sans analogie avec l'hypothèse de l'article 932 ou avec celle de contrats formés par lettres missives. On a opposé à la théorie que nous soutenons une objection qui paraît plus sérieuse, au premier abord, et c'est Marcadé qui l'a formulée, avec la précision qui caractérise tous ses raisonnements. Voici comment il s'exprime, au tome IV, n° 395, 7e édition, de son *Commentaire du Code civil,* sur l'article 1108 : « S'il fallait attendre que le proposant connût la volonté de l'acceptant, il faudrait exiger aussi, pour être conséquent, que cet acceptant sût, à son tour, que sa volonté est arrivée à la connaissance du proposant, avant que celui-ci eût révoqué la sienne : car, jusque-là, cet acceptant pourrait dire, d'après le même principe, qu'il ne savait pas si le contrat était ou non formé, et qu'on ne peut pas se trouver lié par un contrat à son insu. Où s'arrêterait-on dans cette nécessité, pour chaque partie, de connaître la pensée actuelle de l'autre ? »

Si ce raisonnement était fondé, notre système créerait, en effet, un cercle vicieux de notifications, hors duquel il serait impossible de sortir. Mais une réflexion attentive permet de reconnaître que les apparences ont trompé le savant interprète du Code civil. Pourquoi est-il nécessaire que le proposant ait connaissance de la volonté de l'acceptant ? Parce que, jusque-là, il ignore si cette volonté existe et par suite si elle a pu se rencontrer avec la sienne. Mais le contrat se forme et il se forme irrévocablement, par la connaissance réciproque que les parties acquièrent, que leurs volontés ont coexisté et concouru. Or, dès que le proposant est informé que ses offres sont agréées, l'acceptant est lié, puisque le contrat existe. Dans quel but voudrait-il, qu'à son tour, le pollicitant lui fît savoir que la lettre d'acceptation a été reçue ? La formation du contrat ne peut plus être en cause, et cet envoi n'aurait que le caractère d'un acte de politesse. Sans doute, si le proposant a retiré son offre avant qu'il ait eu connaissance de l'acceptation, le contrat ne se forme pas. Mais pourquoi le proposant devrait-il en aviser l'acceptant qui, par la lettre contenant le retrait des offres, sait parfaitement à quoi s'en tenir ? Donc, dans aucun cas, je ne puis saisir pour quel motif il faudrait que l'acceptant sût que sa volonté est parvenue à la connaissance du proposant. Marcadé a oublié que le destinataire de la lettre d'offres a été saisi et a pris possession, en quelque sorte, de la volonté du proposant, par le seul fait de la réception et de la lecture de cette lettre.

On a dit encore que notre théorie met l'acceptant à la discrétion de l'auteur de l'offre qui peut, par un retard calculé ou involontaire, imposer des délais à la formation du contrat. Quel est le pollicitant, je le demande, qui, après avoir pris l'initiative d'une convention, et recevant la lettre qui répond à ses propositions, néglige de l'ouvrir ou se refuse intentionnellement à en prendre connaissance ? Est-il bien sérieux de raisonner sur des hypothèses dont la pratique n'offre peut-être pas un exemple ?

Il reste à prévoir l'objection, incontestablement la plus grave, que l'on tire, contre le système de l'information, de ce fait qu'il ne laisse point place à l'acceptation tacite, dont les contrats qui se forment par correspondance offrent d'assez nombreux exemples. Il semble en effet, puisque d'après ce système le contrat se forme seulement quand le pollicitant a connaissance de l'acceptation, que toute espèce d'acceptation tacite devrait être écartée, tant du moins que le pollicitant ignore les actes qui l'impliquent. Mais, si le contrat n'existe que quand il les connaît, il se produira ce résultat bizarre que la formation du contrat sera postérieure à son accomplissement. Cela est vrai, et nous reconnaissons, avec la majorité des partisans du système que nous soutenons, qu'il ne s'applique pas aux conventions formées tacitement, qui ne constituent, au surplus, qu'un petit groupe, parmi les contrats qui se concluent à distance. Ainsi, il est inapplicable aux contrats réels, commodat, gage, dépôt. Mais, ne peut-on pas dire que ce résultat est dû à la volonté des parties qui acceptent tacitement de considérer le contrat comme formé, sans que celle d'entre elles qui joue le rôle de proposant ait besoin d'être avertie et de savoir que son offre est agréée. Je m'explique : Ou la proposition émane, dans ces sortes de conventions, de celui qui remet la chose, ou elle émane de celui à qui la chose est remise. Dans l'un et l'autre cas, est-il irrationnel de supposer que le proposant a sous-entendu que le contrat serait formé, sans qu'il soit besoin que la lettre de l'acceptant arrivât à sa connaissance, et que ce dernier a donné son adhésion à cette particularité de la proposition ? Les circonstances ne disent-elles pas que les parties dérogent, tacitement, à cette nécessité d'une information donnée au faiseur d'offres, pour que se produise le concours des volontés, auquel est attachée la formation du contrat ? Je ne crois pas trop m'avancer en répondant affirmativement et quiconque analysera, sans parti pris et sans idée préconçue, la situation que crée aux parties l'intervention d'un de ces contrats, admettra que, d'un commun accord, elles en placent la formation au moment de l'acceptation du destinataire, de quelque manière que celle-ci se manifeste.

Nous croyons avoir fourni, à l'appui du système de l'information, des considérations d'une valeur suffisante, pour que nous puissions glisser sur les quelques critiques que lui adressent encore les partisans des systèmes contraires. Ainsi, on lui reproche de méconnaître les exigences de la pratique, en reculant le moment de la formation du contrat. Mais, c'est plutôt un reproche à adresser au législateur, car ce système, ainsi que nous l'avons dit, se déduit des principes et des règles générales qui dominent la théorie des contrats, et le léger retard qu'il imposera quelquefois, en effet, à la perfection de la convention, n'est-il pas compensé par les avantages qu'il procure au point de vue de la certitude qu'il donne, que l'accord et le concours des volontés ne pourront plus être mis en contestation.

En ce qui touche, enfin, la preuve de l'existence du contrat, l'acceptant a bien des moyens, avis de réception, recommandation de sa lettre, qui lui en faciliteront, le cas échéant, l'administration (Nantes, 23 septembre 1897, *Jurisp. Nantes*, 98.1.89 ; Saint-Etienne, 24 décembre 1897, 28 janvier 1902 et *Gaz. Trib.*, 26 février 1902 ; Lyon, 11 mars 1896, *La Loi* du 24 septembre 1896).

B. — Théorie de la déclaration.

197. Les développements, un peu longs peut-être, que nous avons cru devoir donner à la théorie de l'information, nous permettront d'être plus bref, en ce qui concerne le système de la déclaration. Il se décompose, on le sait, en trois sous-théories :

L'une se contente du premier acte extérieur par lequel le destinataire de la lettre d'offres agrée les propositions qu'on lui adresse, après en avoir pris connaissance. Puisque nous parlons d'emploi de lettres missives, pour échanger les consentements, le contrat sera formé, dès que l'acceptant aura écrit sa lettre.

Elle a recueilli un petit groupe d'adhérents et je ne crois pas qu'elle puisse invoquer aucune décision de jurisprudence. C'est que, pour être extérieure, l'acceptation n'est pas plus efficace que si elle était demeurée, à l'état de résolution, dans l'esprit de l'acceptant. Il peut détruire sa lettre avant de l'expédier, et l'auteur des offres, qui n'en a pas été saisi, n'en aura, entre les mains, aucun vestige.

198. Les deux autres sous-théories exigent, l'une et l'autre, le dessaisissement de la volonté d'accepter, pour reconnaître l'existence du lien juridique entre les parties et la formation du contrat. Mais elles se séparent de la nôtre, en déclarant superflu que cette volonté soit connue du pollicitant. En d'autres termes, le seul acte constitutif de l'acceptation sera celui en vertu duquel l'acceptant perdra, au profit de son correspondant, la disposition de sa volonté, et comme nous supposons qu'il a recours, pour faire connaître sa décision, au service de l'Administration des postes, d'après certains auteurs, cet acte sera l'envoi de sa lettre (théorie de l'expédition) ; d'après d'autres auteurs, cet acte sera l'arrivée de la lettre chez l'auteur des offres. Cette seconde manière de voir se rapproche singulièrement de la théorie de l'information, et, sur quelques points, leurs décisions se confondent, ainsi que le remarque M. Valéry (*loc. cit.*, n°s 137 et 148, p. 163, note 2).

199. Ses partisans sont fondés dans les reproches qu'ils adressent à la théorie de l'expédition. Peut-on vraiment dire que l'acceptant s'est dessaisi de sa volonté ? On l'admet, et, comme conséquence, on déclare dénuée de toute efficacité la rétractation de l'acceptation, résultant du retrait de la lettre. Mais alors, on manque le but du dessaisissement qui consiste à procurer à l'auteur de l'offre la constatation facile de l'acte d'acceptation, car comment parviendra-t-il, sans beaucoup de peine, à se procurer la preuve de l'émission et du retrait de la lettre d'acceptation ? Ce résultat a semblé si choquant, que quelques-uns ont permis de se rétracter par un moyen rapide, qui soit connu du pollicitant, avant que la lettre d'acceptation ne le touche. C'est une large brèche faite à la théorie.

Il y a d'autres conséquences fâcheuses à relever : de deux lettres qui arrivent par le même courrier, la première mise à la poste annule la seconde. Si deux lettres, dont l'une rétracte l'offre, dont l'autre en contient l'acceptation, se croisent, la première mise à la poste l'emportera sur l'autre.

Mais le système de la réception lui-même, bien que préférable, n'échappe pas à la critique, et nos explications ont montré ses côtés faibles. C'est ce qui nous a décidé à nous ranger du côté de la théorie de l'information (Voir Lyon, 24 mai 1898, *Gaz. comm. Lyon*, 7 novembre 1899 ; Rennes, 25 décembre 1899, *Jurisprud. Nantes*, 1900. 1.278 ; Cass. Rome, 7 novembre 1894, S. 95.4.13).

200. Si l'on consulte sur cette importante et difficile matière les décisions des cours et des tribunaux, on constate, ainsi que nous le verrons plus loin, qu'elles se partagent entre le système de la réception et celui de l'information. La doctrine est également divisée et chacun de ces systèmes peut invoquer les suffrages d'auteurs considérables.

201. La détermination du lieu dans lequel le contrat entre absents, quand il est conclu par lettres, devra être considéré comme ayant pris naissance, nous est chose facile après les longs développements présentés sur le moment de sa formation. A peine de manquer de logique, nous dirons que c'est le lieu où la lettre d'acceptation a été connue du pollicitant. Sa promesse ne devient irrévocable, à notre avis, que lorsqu'elle est reçue par le destinataire, et il est impossible de partager les effets de cette promesse entre le lieu d'où elle est partie et où elle n'avait pas encore acquis d'existence juridique et le lieu où elle a acquis, d'une manière définitive, cette existence.

202. Il nous reste à indiquer quels sont les intérêts principaux qui s'attachent à la solution de ces deux questions relatives au moment et au lieu de formation des contrats conclus par lettres missives. La détermination du moment entraîne d'importantes conséquences :

D'abord, à partir de cette époque, ni la volonté isolée des parties, ni des causes étrangères, telles que leur mort ou la survenance d'une incapacité, ne peuvent exercer une influence sur l'existence du contrat ;

En second lieu, toutes les conséquences normales du contrat se produisent immédiatement : obligation de conserver la chose, transfert de propriété et mise des risques à la charge du créancier, en cas de corps certain, obligation d'apporter une certaine diligence à exécuter l'engagement (art. 1985, C. civ.).

Le point de départ des délais de prescription se placera également à cette époque, par exemple, en cas de faculté de rachat, ou d'existence d'une lésion, donnant ouverture à une action en rescision, dans les termes de l'article 1676 du Code civil.

L'action paulienne sera recevable au profit du créancier, si celui-ci justifie qu'il avait cette qualité, au moment de l'acte du débiteur qu'il incrimine, et il a cette qualité, dès que le contrat qu'il a lui-même passé avec le débiteur est définitivement formé,

Un intérêt considérable naît encore, au point de vue de la nullité qui peut atteindre certains actes, faits par le failli, dans la période qu'on appelle communément la période suspecte, et qui précède la déclaration de faillite (art. 444, 446, 447, C. com.).

203. La plupart de ces conséquences ne soulèvent, dans

leur application aux contrats conclus par lettres, aucune difficulté particulière. Nous devons seulement donner quelques développements sur les causes diverses qui sont susceptibles d'anéantir l'offre ou l'acceptation. Ces causes sont, pour l'offre, l'expiration du délai donné à l'acceptant, la mort ou la survenance d'une incapacité de l'offrant, la rétractation de son offre par un changement de volonté régulièrement signifié (1). Elles sont, pour l'acceptation, sa révocation par un acte significatif de changement de volonté, la mort ou la survenance d'une incapacité chez le destinataire de l'offre, avant qu'il l'ait agréée.

204. Reprenons successivement les deux hypothèses :

A. — Si le pollicitant n'a fixé aucun délai pour accepter, le destinataire de ses offres peut accepter, tant que la proposition n'est pas rétractée. Toutefois, en matière commerciale, l'usage impose qu'il fasse connaître sa volonté dans un laps de temps raisonnable, passé lequel le pollicitant recouvre sa liberté. Les circonstances, l'objet du contrat proposé, et surtout le mode de transmission de l'offre, donneront la mesure du délai d'attente.

205. Mais il arrive, fort souvent, que la pollicitation s'accompagne d'un délai, pendant lequel le proposant s'engage à ne pas retirer ses offres. Il faut voir là, à notre avis,

(1) Sur les offres de concours volontaire faites par les particuliers à l'Administration, en vue d'obtenir l'exécution d'un travail public, il existe une théorie toute spéciale élaborée par le Conseil d'Etat (3 août 1900, S. 1902.3.13). Ces offres présentent ceci d'exceptionnel, qu'elles n'ont pas besoin d'être acceptées explicitement par l'Administration, et qu'elles ne sont pas caduques par le décès de ceux qui les ont faites (Dalloz, *Lois politiques et administratives*, t. III, p. 673).

une promesse de contracter, d'une durée temporaire, et qui confère à celui à qui elle est faite le droit d'accepter l'offre, même après la mort du pollicitant, pourvu qu'on soit toujours dans les limites du délai. J'ajoute que le point de départ en doit être, si le proposant ne s'est pas expliqué d'une manière précise, le jour où la lettre d'offres parvient à son destinataire.

206. L'offre, avons-nous dit, est encore soumise à deux causes d'extinction : 1° la révocation par la mort ou l'incapacité de l'offrant ; 2° la rétractation résultant d'un acte significatif de changement de volonté. Je me bornerai à l'examen de la seconde, dont la pratique offre de plus fréquents exemples, et ce que j'en dirai s'appliquera, de tous points, à la première.

207. En ce qui concerne d'abord ses conditions de validité, la rétractation peut intervenir avant ou après la manifestation de l'offre, ou en même temps qu'elle : elle intervient avant, lorsque le proposant opère le retrait de la lettre contenant son offre ; ou bien, lorsqu'il a recours à un procédé de communication plus rapide, par lequel il déclare au destinataire que la lettre d'offres ne devra pas être prise par lui en considération. Dans ces cas, il empêche la manifestation de l'offre au destinataire ; l'offre est anéantie, avant d'éclore. L'emploi de ces moyens est conforme aux principes (art. 2003, C. civ.) et l'équité en approuve les résultats. Le destinataire n'est pas fondé à se prévaloir d'offres, qu'il n'a même pas encore reçues. Et ceci nous conduit à décider qu'il serait loisible au proposant de révoquer sa pollicitation, avant qu'elle saisisse le destinataire, même s'il l'avait accompagnée de la concession expresse d'un délai pour accepter. En d'autres termes, la révocation, pour être efficace, est seulement subordonnée à sa dénonciation au destinataire, avant que lui parvienne la lettre d'offre ; jusque-là, en effet, l'offre n'est pas manifestée ; elle n'existe pas juridiquement. Il ne faut pas, en effet, perdre de vue que la lettre missive est un simple porte-paroles ; lorsque, remise au destinataire, elle lui manifeste la volonté du proposant, cette manifestation tombe dans le vide, puisque cette volonté n'existe plus et que le destinataire est averti de son anéantissement. Il y a une impossibilité matérielle à ce que l'acceptation intervienne avec son effet normal (Albi, 29 mai 1901, *Gaz. Trib.*, 2e sem. 1901.2.121).

208. La révocation de l'offre peut être, en second lieu, concomitante à son expression. La chose sera rare, mais elle est possible : je confie ma lettre d'offres à la poste. Peu d'instants après, j'en éprouve un regret, et je me hâte d'écrire une seconde missive où je rétracte la première. Le même courrier emporte mes deux lettres, qui sont remises simultanément au destinataire. La cour de Bordeaux, saisie de la question, la trancha dans le sens d'une validité de la rétractation et l'acceptation subséquente de l'offre fut déclarée tardive (13 juin 1853, D. 55.2.322 ; *Sic*, Toulouse, 13 juin 1901, S. 1902.2.174).

Il ne pouvait pas, à notre avis, en être autrement. L'offre est manifestée par sa réception. Or sa réception est inopérante, lorsque, à l'instant précis où elle se produit, la volonté du proposant n'existe plus. Le contrat ne peut pas se former, faute de consentement. Enfin, on peut rétracter une offre, même après qu'elle a été manifestée, c'est-à-dire même après sa réception par le destinataire, pourvu que cette rétractation intervienne, d'après le système que nous avons admis, avant que son auteur ait connaissance de l'acceptation. Car, le destinataire ne peut pas prétendre avoir droit aux avantages de son acceptation, tant qu'il n'est pas lui-même, personnellement et définitivement, lié envers le proposant. Il importe, le plus possible, de placer les parties dans une situation qui ne contrarie pas l'égalité qui doit régner entre elles.

Toutefois, une circonstance apporte une modification à cet état de choses : c'est lorsque le proposant a joint à l'offre un délai pour répondre. L'acceptant, par la réception de l'offre, prend acte de l'engagement de l'offrant, qui ne peut plus valablement se rétracter jusqu'à l'échéance du terme. Mais l'arrivée de l'échéance le dégage de plein droit, à l'égard d'une acceptation qui, en fait, lui serait postérieure, c'est-à-dire, lorsque la lettre qui la contient est remise au destinataire, après l'expiration du délai, encore qu'elle ait été expédiée auparavant. Telles sont les conditions générales moyennant lesquelles la révocation de la proposition est valable et produit les effets en vue desquels elle est intervenue. Mais, il ne sera pas rare que celui à qui s'adressaient les offres ait fait, avant de les accepter, des dépenses en vue de l'exécution du contrat, dépenses faites en pure perte, si la rétractation du pollicitant, arrivée en temps utile, empêche le contrat de se former.

209. L'acceptation tardive du destinataire ne lui confère-t-elle pas le droit de demander à l'offrant la réparation du préjudice subi, et si oui, sur quel fondement juridique s'appuie cette obligation du proposant, qui se trouve être antérieure à la formation du contrat ?

210. Il me paraît, tout d'abord, qu'aucune indemnité

n'est due, lorsque la pollicitation, rétractée à temps, n'était accompagnée d'aucun délai pour réfléchir. Dans ce cas, l'offrant est à l'abri de toute responsabilité, car il s'est tenu strictement dans son droit, et il est impossible de voir un dol, une imprudence ou une négligence dans l'exercice d'une faculté dont l'existence était connue de l'acceptant. Ce dernier devait agréer l'offre, pour se mettre à l'abri de la rétractation, et cela fait, il avait le devoir d'attendre un laps de temps suffisant, pour que son acceptation pût être considérée comme connue du proposant, et qu'il pût exécuter le contrat, en ce qui le concerne. Si, dans ce délai, rien n'était venu anéantir l'offre, l'obligation vraisemblablement devait être formée. S'il voulait avoir toute sécurité, il pouvait demander au destinataire un avis de réception de la lettre qui exprimait sa volonté. Nous verrons bientôt que l'acceptant est libre de se dédire impunément, tant que son acceptation n'est pas connue de l'offrant. Pourquoi le pollicitant n'aurait-il pas, dans cet intervalle, un droit égal ? Deux parties sont en présence, l'une n'est pas plus digne d'intérêt que l'autre ; elles le sont également, et il serait injuste de sacrifier l'une à l'autre. Qui donc oserait proposer un contrat, s'il pouvait redouter de se voir exposé à un recours, parce que, sous la pression de circonstances, il se serait rétracté, avant toute acceptation manifestée de son correspondant ? (Saintes, 30 décembre 1899, S. 1900. 1. 116).

211. Mais, s'il y a eu pollicitation avec délai pour accepter, et qu'une rétractation, avant l'expiration de ce délai, se produise, la règle n'est plus la même. Il y aura, sans nul doute, obligation d'indemniser l'acceptant. Sur quel principe s'appuie cette obligation particulière qui est antérieure à la formation du contrat ? D'après l'idée que nous avons émise plus haut, la pollicitation avec délai pour réfléchir implique, de la part de son auteur, promesse de contracter d'une durée temporaire, adressée au destinataire, et dont celui-ci est présumé accepter immédiatement les termes. C'est une obligation de faire, autrement dit de réaliser un contrat, si ce contrat convient à celui auquel il est proposé. La révocation des offres, avant l'expiration du délai, équivaut à l'inexécution d'une obligation contractuelle de faire, d'où une créance de dommages-intérêts au profit de la partie qui en souffre, créance dont le montant sera apprécié, conformément aux principes généraux posés aux articles 1145 et suivants du Code civil. Il y a là une situation analogue à celle où se trouve la personne qui a fait une promesse unilatérale de vendre, dont l'acheteur a pris acte, ou qui, par un écrit sous seings privés, s'est engagé à constituer une hypothèque.

212. Mais, il ne faut pas aller plus loin, et soutenir, avec un auteur (Worms, *Volonté unilatérale*, p. 177), que la rétractation, survenue avant le terme fixé, est sans valeur ; que la volonté première est considérée comme subsistant encore, et que l'acceptation, faite dans le délai, forme le contrat. Dans ce système, le destinataire de l'offre a le droit d'exiger l'exécution entière du contrat ; et, s'il ne l'obtient pas, on le traite, comme au cas où le contrat, réellement formé, reste ultérieurement sans exécution.

L'erreur de cet auteur est de ne pas décomposer, comme elle doit l'être, la volonté du proposant, et de ne voir qu'un seul contrat là où, en droit et en fait, il y en a deux.

213. Quant aux interprètes qui enseignent que la révocation de l'offre engage, même en l'absence de la concession d'un délai pour accepter, la responsabilité de l'offrant, vis-à-vis de l'autre partie, mise en perte, leur divergence, quant au fondement qu'ils donnent à cette manière de voir, suffirait à mettre en garde contre sa légitimité. Pour les uns, le recours a une origine contractuelle ; pour les autres, il dérive d'un délit ou d'un quasi-délit ; ceux-ci donnent l'action *doli* ; ceux-là, l'action *mandati contraria*, en se basant sur ce que toute proposition par lettre contiendrait un mandat, donné à son destinataire, de procéder à l'accomplissement des divers actes que l'acceptation doit entraîner.

Si nous partagions l'opinion de ces auteurs, nous nous rattacherions plus volontiers à la justification que propose M. Valéry (*op. cit.*, p. 179) : « C'est *l'usage*, dit notre savant maître, qui autorise l'acceptant à obtenir une indemnité, en cas de révocation de l'offre ; on a admis, dans le monde des affaires, ce droit à une indemnité comme moyen propre à faciliter les transactions commerciales et à développer le nombre des contrats par correspondance. Cet usage traditionnel n'étant contraire à aucune décision législative doit donc avoir force de loi. L'obligation de réparer le préjudice occasionné par le retrait de la proposition est imposé à tout faiseur d'offres par correspondance, en vertu d'un accord tacite et unanime de toutes les personnes capables de contracter. On s'y soumet par cela seul qu'on fait une proposition sous cette forme, sans y insérer aucune réserve contraire. L'action de l'acceptant a donc son fondement, non dans l'article 1382 du Code civil, mais dans les articles 1135 et 1160 de ce Code. »

214. L'acceptation, avons-nous dit, est, comme l'offre, susceptible d'être anéantie, par sa révocation, et cette révocation peut valablement intervenir, tant que le pollicitant n'a pas connaissance que ses offres sont agréées. Car, à ce moment seulement se forme irrévocablement le contrat. Il est regrettable que certains auteurs, qui se rangent résolument à la théorie de l'information, n'aient pas cru devoir la suivre, sur ce point, dans sa conséquence naturelle, et admettent que le contrat est non avenu, dès que la révocation a devancé, en fait, le moment où le proposant a connu l'acceptation (Delamarre et Le Poitevin, *Droit commercial*, I, p. 107 ; Robert, *Contrats par corresp.*, p. 222 ; Trib. comm. Marseille, 3 mai 1893 ; Toulouse, 30 novembre 1893, *Gaz. Pal.*, 1894 ; Toulouse, 13 juin 1901, *Gaz. Pal.*, 1901.2.188).

Mais, la même dissidence se produit parmi les partisans de la théorie de la déclaration. Au lieu de reconnaître que la révocation n'est jamais possible, dès que l'acceptant a manifesté, d'une manière non équivoque, sa volonté, quelques-uns enseignent que l'acceptation est valablement rétractée, lorsque la lettre qui mentionne cette rétractation devance la première ou arrive chez le proposant en même temps qu'elle (Girault, *Contrat par corresp.*, n° 94 ; Lyon-Caen et Renault, *Traité*, n° 27 ; Hepp, *Correspond. privée*, ch.III). C'est qu'il y a parfois, dans l'application d'une théorie, des considérations d'équité auxquelles des auteurs croient devoir sacrifier les rigoureuses exigences de la logique. Cela n'infirme, en rien, la valeur de cette théorie.

215. Devons-nous dire de la mort ou de la survenance de l'incapacité frappant le destinataire de la lettre d'offres, qu'elles sont gouvernées par la même règle que celle que nous venons de poser pour le cas de révocation ? Je réponds affirmativement : le contrat ne peut pas se former, si l'acceptant vient à mourir ou s'il devient incapable avant que le proposant ait eu connaissance de l'acceptation.

Mais ici encore, des auteurs s'écartent de la pure logique, et M. Larombière, notamment, enseigne que la mort ou l'incapacité, survenant après l'acceptation donnée, mais avant qu'elle soit connue, n'empêchent pas le contrat de se former définitivement. « Car, dit-il, ce qui le rendait imparfait, c'était cette faculté de rétractation ; or, l'effet de la mort ou de l'incapacité est de rendre toute rétractation impossible de la part de la partie chez laquelle surviennent ces événements, donc de consolider le contrat de son côté, d'une manière irrévocable » (*Traité*, t. I, p. 17).

L'éminent auteur ne confond-il pas l'existence de la faculté de révocation et son exercice? Ce qui empêche le contrat de se former, c'est que l'acceptant reste le maître de sa volonté, tant qu'elle n'est pas arrivée à la connaissance de l'offrant. Il importe peu de savoir, tant que cette faculté existe, si elle sera ou ne sera pas exercée. Il suffit qu'elle existe, pour que la formation du contrat ne soit pas irrévocable. La théorie de M. Larombière aurait en outre cet inconvénient grave, de permettre encore à l'offrant de se dédire, alors que les héritiers de l'acceptant ou cet acceptant devenu incapable, ne le pourraient plus. Le contrat serait parfait pour l'une des parties, imparfait pour l'autre. L'égalité de position, qui doit régner entre elles, serait manifestement violée.

216. Il va de soi que si l'offre s'adressait à la fois au défunt et à ses héritiers, ces derniers conserveraient le droit de l'accepter valablement. Mais, la présomption sera toujours en faveur du caractère tout personnel de l'offre.

217. Nous admettrons également la transmission héréditaire du droit d'acquiescer à l'offre, dans le cas où celle-ci était accompagnée d'un délai pour accepter et que ce délai n'est pas encore expiré. Nous avons dit, en effet, que dans cette hypothèse, le proposant est lié envers le destinataire, jusqu'à l'échéance du terme. Il en résulte que ce n'est plus une simple faculté, mais un droit qui, en vertu de cette promesse temporaire de contracter, tacitement acceptée, est entré dans le patrimoine du *de cujus* avant sa mort. Or, les héritiers succèdent à tous les droits de leur auteur (art. 724, C. civ.), et quand on stipule pour soi, on est censé stipuler pour ses héritiers (art. 1122 du même code).

218. Les intérêts attachés à la détermination du lieu où se forment les contrats conclus par lettres, intérêts sur lesquels nous devons fournir quelques développements, pour terminer cette section, ne présentent pas une moindre importance pratique.

219. C'est ce lieu, que nous avons déterminé plus haut, qui fixera la compétence du tribunal, dont la règle générale reçoit une modification, par la disposition de l'article 420, § 2, du Code de procédure civile, qu'il appartient au demandeur d'invoquer, si son intérêt le lui conseille. La cour de cassation, saisie plusieurs fois de la question, a refusé de la résoudre en doctrine, et l'abandonne à l'appréciation souveraine des juges du fond (Cass., 6 août 1867, D. 68.1. 35 ; Cass., 30 mars 1881, D. 81.1.359 et S. 82.1.56 ; Cass., 13 mars 1878, D. 78.1.312 ; Paris, 22 novembre 1900 ; Trib. comm. Seine, *Journ. Trib. com.*, 1901, p. 96).

220. M. Valéry (*op. cit.*, p. 124 et 125) critique, avec raison, cette manière de voir. Il démontre qu'il y a là une question de droit, à côté de la question de fait, et la cour suprême, en négligeant de se prononcer, a contribué à créer et à maintenir le manque d'unité qui caractérise les très nombreuses décisions rendues, en cette matière, par les tribunaux et les cours.

221. Les décisions judiciaires s'attachent, en général, pour déterminer la compétence de faveur, édictée par le code de procédure, à l'endroit d'où est expédiée la lettre qui contient la promesse, plutôt qu'à celui où cette promesse reçoit sa pleine et entière efficacité. Cette doctrine se concilie mal avec la théorie de l'information dont elle consacre, le plus souvent, le principe. Mais, on peut s'expliquer la contradiction. La compétence est chose un peu arbitraire, et il n'y a pas lieu de trop s'étonner qu'il entre de l'arbitraire dans les moyens de la déterminer. L'article 420 parle du lieu où « la promesse est faite » ; rigoureusement, n'est-ce pas celui où le défendeur, par sa lettre d'acceptation, prend l'engagement? Le système de l'information aurait, en outre, l'inconvénient de livrer l'acceptant défendeur au tribunal de son adversaire. C'est cette conséquence qu'auront voulu écarter les juges, parce qu'elle leur aura paru trop contraire à l'équité. Mais, il y a des jugements et des arrêts qui, fidèles à la logique, l'ont accueillie, et il serait à souhaiter que la cour régulatrice fît connaître son sentiment, pour mettre fin à une incertitude, dont la pratique s'accommode mal.

222. Le lieu où se forme le contrat joue encore un rôle important, quant à la détermination de la loi applicable aux conventions qui relèvent du droit international privé. La question se pose soit lorsque le contrat se forme en des pays différents, soit lorsque les contractants habitant le même territoire, sont de nationalité étrangère ou de nationalité différente. Posons, tout d'abord, un principe : c'est que les parties, pourvu qu'elles ne portent atteinte à aucune règle de morale ou d'ordre public, sont entièrement maîtresses de leurs conventions, ainsi que le décide l'article 1134 du Code civil, dont le principe est général. Le contrat qu'elles forment, par l'échange et le concours de leurs volontés est, entre elles, une véritable loi privée.

223. C'est cette idée qu'expriment, sous une forme abstraite, les juristes allemands : Ils disent que les contractants sont autonomes, appliquant aux conventions d'ordre privé une expression réservée d'ordinaire aux gouvernements. Mais, cette formule, par sa concision énergique, fait bien ressortir l'idée que nous exprimons.

224. Cela établi, nous dirons, en premier lieu, que le juge devra respecter la volonté des parties, souveraine en cette matière, toutes les fois qu'il la pourra dégager des circonstances, ou qu'il pourra, dans certains indices, reconnaître des présomptions de l'homme, de nature à l'éclairer sur leur commune intention.

Par exemple, si l'offre telle que l'a faite le proposant a été agréée, sans nulle réserve, par l'acceptant, si l'offrant a, d'un seul coup, fait connaître sa volonté tout entière, et indiqué qu'il se refuserait à entrer en négociations, sur des modifications à y apporter, il y aura lieu de supposer que sa proposition de traiter comportait, dans sa pensée, l'application de sa loi propre, qu'il connaissait, et que la partie adverse a dû elle-même accepter par cela même qu'elle a donné une adhésion entière et sans réserve.

Si, au contraire, chaque contractant a discuté les propositions de l'autre, si des pourparlers ont été échangés, des vues opposées débattues, alors les volontés se font, en quelque sorte, équilibre ; elles ont un droit égal à s'imposer, et l'on ne peut plus *a priori* dire laquelle devra prévaloir.

225. Il se pourrait que les parties fussent de même nationalité ; en ce cas, on présumera qu'elles ont voulu l'une et l'autre être régies par leur loi personnelle commune.

226. Mais, si elles sont de nationalité différente, nous retrouvons la difficulté tout entière, qui n'a pas engendré moins de sept opinions.

J'exposerai seulement les principales :

227. L'une soutient que l'on doit diviser le contrat et appliquer aux obligations de chaque partie la loi à laquelle, expressément ou tacitement, elle s'est référée. C'est perdre de vue que le contrat est indivisible, et que l'obligation de l'une des parties suppose un droit au profit de l'autre ; comment appliquer simultanément à une convention des lois qui diffèrent entre elles.

228. Une autre opinion, enseignée par Grotius, décide que dans l'impossibilité de faire un choix entre deux lois différentes, le contrat sera régi par le droit naturel, comme le serait celui conclu en terrain neutre, en pleine mer. M. de Savigny demande où se trouve le traité auquel Grotius et ceux qui acceptent son idée ont entendu se référer ; plaisanterie facile et dont M. Valéry (p. 369), démontre l'inanité et le mal fondé.

Toutefois, nous ne croyons pas devoir nous ranger à ce

système, parce qu'il ouvre la porte à un arbitraire excessif. Il aboutira à l'application de la loi de l'une seulement des parties, si, ce qui est possible, le différend est porté devant les tribunaux des deux pays, du pays du proposant et du pays de l'acceptant.

229. M. de Savigny (*Système*, VIII, p. 254 et 273) propose d'appliquer la loi du lieu où la convention s'exécutera. Rien de plus facile, si elle est unilatérale. Mais, si elle est synallagmatique, les obligations de chacune des parties pouvant s'exécuter en des lieux différents, la question reste entière.

230. Aussi pensons-nous, qu'en l'absence de tout indice permettant d'induire la volonté commune des parties, de se soumettre à telle ou telle loi, il n'est pas possible de s'arrêter à des systèmes qui aboutissent à faire prédominer la loi personnelle de l'une des parties sur celle de l'autre, et nous appliquerons, en conséquence, la règle posée dans l'article 1159 du Code civil : « *Ce qui est ambigu s'interprète par ce qui est d'usage dans le pays où le contrat est passé.* » Cette présomption légale, dont les parties pouvaient écarter l'application, doit régir notre hypothèse. Il s'agit d'une question d'interprétation, ou d'une question d'exécution. Des doutes s'élèvent ; le juge, quel qu'il soit, devra consulter la loi du lieu de formation, pour les trancher. M. Valéry adresse à cette opinion une objection des plus sérieuses. Il suppose qu'un négociant de Gênes propose à un négociant de Marseille de lui vendre une certaine quantité d'huile au prix de 150 francs les 100 kilos. Ce dernier répond qu'il accepte cette offre. Le marché donne lieu à des difficultés. Devront-elles être résolues par application de la loi française ou bien de la loi italienne ? Prenons le système qui déclare applicable la loi du lieu où le contrat s'est formé. « Quel est ce lieu ? est-ce Marseille, où l'acceptation s'est produite, est-ce Gênes, qui est l'endroit où le proposant a eu connaissance de cette acceptation ? De quoi dépend la solution de cette question ? de la solution qu'on donnera à la question subséquente : faut-il se conformer, dans l'espèce, à la théorie de la jurisprudence française, ou bien à la disposition du code de commerce italien ? L'on ne se pose donc cette seconde question que pour arriver à déterminer le lieu de la formation du contrat, et par suite, vouloir la résoudre, en se guidant d'après le lieu de la formation du contrat, c'est se mouvoir dans un cercle vicieux d'où il est impossible de sortir. »

Nous croyons que l'on peut répondre à cette critique. Le procès sera porté devant le tribunal français ou devant le tribunal italien. L'un comme l'autre aura le devoir de rechercher tout d'abord à quel moment le contrat a reçu sa perfection. Il s'attachera, pour le déterminer, à la législation du pays au nom duquel il rend la justice, si elle règle ce point, et, à défaut, il s'appuiera sur les principes généraux ou sur des considérations d'équité. Mais, de toutes façons, il détermine le lieu où la convention est devenue, de part et d'autre, irrévocable. Il appliquera la loi de ce lieu, quelle qu'elle soit. Ainsi, raisonnant sur l'hypothèse que suppose M. Valéry, le tribunal italien comme le tribunal français devront appliquer la loi italienne, parce que c'est à Gênes que le contrat a reçu sa perfection.

Ce système, je le reconnais, se heurtera lui-même, dans certains cas, à un conflit de lois. Mais c'est peut-être celui dont l'application, en fait, soulèvera le plus rarement ces difficultés, auxquelles n'échappe d'ailleurs aucune des opinions proposées, sur la délicate question que nous venons d'examiner.

SECTION IV. — **Des principaux actes par correspondance.**

230 *bis*. Comme complément à l'exposé qui a été présenté dans les sections précédentes, il est intéressant de signaler les principaux actes juridiques pour la formation desquels la pratique a recours à la correspondance par lettres missives. Nous ne nous attacherons qu'à des actes unilatéraux, parce qu'en fait, ce sont ceux dans lesquels l'interprétation joue un rôle important, à raison de cette circonstance qu'une seule missive est d'ordinaire envoyée, et se trouve ensuite produite aux débats.

1° Parmi ces actes figure, en première ligne, *le testament olographe*. Il n'est pas rare qu'il se présente sous la forme d'une lettre missive ; nul doute qu'il ne soit valable, sous cette forme, le code n'ayant pas reproduit la prohibition portée en l'article 3 de l'ordonnance de 1735. Mais, ce sera parfois chose délicate que de décider si la lettre contient vraiment l'expression des dernières volontés du *de cujus*, ou seulement l'annonce et comme l'explication d'un projet. Il appartiendra au juge de statuer, en fait, et sa décision sera souveraine ; la même règle et les mêmes observations s'appliquent à la lettre missive, d'usage assez fréquent, pour révoquer *une donation entre époux* (Cass., 17 juillet 1906, *Gaz. Trib.*, 24 octobre ; Cass., 26 novembre 1906, *Gaz. Trib.*, 29 novembre).

2° Très souvent aussi, un cohéritier tenu au rapport en sera dispensé par une lettre missive que lui aura confiée le *de cujus*. La jurisprudence qui admet qu'une *dispense de rapport* peut être tacite, pourvu que la volonté de son auteur soit certaine, ne met pas en doute la validité de cette dispense contenue dans une missive (Cass., 11 janvier 1897, D. 97.1.473 ; 8 février 1898, D. 99. 1. 153).

3° Je citerai, en troisième lieu, les actes constituant *une renonciation à un droit*, pourvu que la loi n'ait pas, comme pour une renonciation à succession ou à communauté, prescrit des formes particulières.

Exemples : renonciation à un usufruit, renonciation à une prescription accomplie ou en voie de s'accomplir, renonciation au droit de se prévaloir d'un vice produisant une nullité relative, en d'autres termes, confirmation d'un acte annulable, renonciation à la faculté de dégustation, sous laquelle la loi suppose conclue une vente de certaines marchandises, aux termes de l'article 1587 du Code civil.

Dans toutes ces hypothèses, une lettre missive est très souvent le seul titre produit par la partie qui bénéficie de la renonciation. Mais l'interprétation étroite s'imposera au juge, à raison des conséquences fâcheuses auxquelles le renonçant s'expose. Les termes et la portée de la lettre devront être d'une précision exclusive de tout doute sur les intentions de l'auteur. Il arrive assez fréquemment, par exemple, qu'un créancier auquel on oppose une courte prescription, en vertu de l'article 2274 du Code civil, ou le porteur d'une lettre de change contre lequel on invoque l'article 189 du Code de commerce, produisent des lettres du débiteur ou du tiré. Les tribunaux se montrent, avec raison, très exigeants, pour inférer de leur contenu, la renonciation au délai de cinq ans, et la transformation de la prescription en une prescription trentenaire (Cass., 7 mai 1906, *Gaz. Pal.*, 17 mai ; Pau, 12 mars 1903, jugement cassé).

4° Rien encore de plus commun, en pratique, que l'acceptation par lettre missive, émanée du tiers bénéficiaire, *des avantages d'une stipulation faite à son profit*, aux termes de l'article 1121 du Code civil. C'est ainsi qu'accepte le bénéficiaire *d'une assurance sur la vie*. Il ne s'élève, sur ce point, aucune difficulté.

L'assuré peut aussi, dans la plupart des polices, transmettre à une autre personne le bénéfice du contrat. Si ce droit seul lui est accordé, les formes à observer, pour l'exercer, seront celles du droit civil concernant la cession de créance. Mais, d'ordinaire, les polices sont *à l'ordre de l'assuré*, ce qui les rend transmissibles par un simple endossement, ou bien il est stipulé que le transport à autrui s'opèrera par avenant. On s'est demandé si l'envoi d'une missive à la Compagnie, portant des modifications, dans les cas ci-dessus, à la police primitive, aurait le même effet que l'endos régulier ou la rédaction d'un avenant ? Je serais porté à admettre qu'une missive doit être déclarée équivalente à un avenant. Car, la Compagnie, en prévoyant l'avenant, a eu en vue l'hypothèse habituelle, mais sans imposer une forme exclusive de toute autre. Au contraire, l'endossement perd ce caractère et change de nature, s'il ne figure pas au dos du titre (Voir, en sens contraire, Bourges, 14 novembre 1904 ; Cass., 17 juillet 1906, *Gaz. Trib.*, 24 octobre. Voir également C. Lyon, 2 avril 1901, *Le Droit*, 8 novembre 1901).

5° Il faut comprendre également, dans l'énumération des actes juridiques qui se forment par lettres, d'une manière courante, *le mandat*, *la délation de serment*, *le désistement*, *l'acquiescement à une demande*, *le congé* dans les baux non écrits ou faits sans durée déterminée, enfin le *cautionnement*.

Pour le mandat, un doute pourrait naître du rapprochement des deux alinéas de l'article 1985, sur le point de savoir si le mandat tacite est possible. Mais, il n'y a pas de doute que le mandant, pouvant manifester sa volonté d'une manière quelconque, peut recourir à une lettre missive, et, en fait, il en est presque toujours ainsi. De même, le désistement et l'acquiescement résultent, le plus ordinairement, d'une lettre contenant la volonté de la partie qui s'oblige (1).

6° Signalons enfin le rôle important des lettres missives, dans la matière des *mises en demeure et interpellations extra-judiciaires*. L'article 1139 du Code civil, en décidant que « *la mise en demeure résulte d'une sommation ou de tout autre acte équivalent* » a, par cela même, admis qu'une lettre missive peut, dans certains cas et sous certaines conditions, avoir toute la valeur d'une sommation. Les tribunaux étendent, de plus en plus, l'application de cette idée. Une lettre misive, pourvu que ses termes soient tels que le débiteur ne peut se méprendre, ni sur sa portée, ni sur ses conséquences, si elle reste sans effet, vaut, surtout en matière commerciale, sommation par huissier. Il n'en serait autrement que si la loi, par un texte exprès, avait exigé des formes particulières (Voir Cass., 11 février 1901. Rec. *Gaz. Trib.*, 1901, 2e sem. 1-87 ; 17 janvier 1906, *Gaz. Trib.*, 9 juin ; C. d'Aix, 25 avril 1906, *Gaz. Trib.*, 25 juillet ; Cass., 19 février 1906, *Gaz. Pal.*, 25 avril ; — art. 176 nouveau, C. com. ; loi du 22 décembre 1906).

(1) Quant au cautionnement la lettre devra mentionner le « bon pour » avant la signature; à défaut de cette mention, elle ne vaudra au point de vue de la preuve que comme un élément donnant ouverture au témoignage ou aux présomptions (*Journal Trib. Algérien*, 1er mai 1907. *Gazette du Palais*, n° 2-3 juin 1907).

SECTION V. — De la responsabilité de l'intermédiaire dans les contrats conclus par lettre.

231. Dans les contrats faits entre présents, les volontés se manifestent d'une manière directe de l'une à l'autre des parties. Si une faute ou une erreur a été commise, son auteur ne peut que se l'imputer et en accepter les conséquences, si fâcheuses qu'elles puissent être.

232. Dans les conventions qui se forment par lettres, il en sera de même lorsque la faute ou l'erreur provient de l'une des parties. Ainsi, l'expéditeur d'une lettre a mal orthographié le nom du destinataire, il a oublié de le faire suivre de l'indication de la qualité, pour le cas de pluralité de personnes portant le même nom, ou encore il a négligé de mentionner le département, en un mot, il n'a pas mis à même l'employé chargé de la transmission d'accomplir exactement son office ; dans tous ces cas, il en portera seul la responsabilité.

233. Mais il arrivera souvent aussi que les circonstances auxquelles sera due une transmission irrégulière de la correspondance seront le fait de l'intermédiaire chargé de cette transmission. Si l'une ou l'autre des parties en éprouve un dommage, soit parce que le contrat ne se forme pas, faute de l'existence du consentement, soit parce qu'il se forme, d'une manière tardive ou incomplète, la réparation de ce dommage lui sera due, sauf, bien entendu, le cas fortuit ou la force majeure, qu'il faudra établir, ces faits ne se présumant pas.

234. Le droit commun voudrait que l'Administration des

postes, qui joue le rôle d'intermédiaire, pût être actionnée en dommages-intérêts, soit qu'on la considère comme un bailleur d'industrie, aux termes des articles 1782 à 1786 du Code civil, 96 à 98 du Code de commerce, soit qu'on la tienne, comme nous l'avons admis, pour un mandataire qui reçoit un salaire, par application de l'article 1986 C. civ.

235. Mais l'Etat, en se réservant le monopole de l'entreprise du transport des lettres, s'est déclaré irresponsable, à l'égard de toutes irrégularités résultant de ce service. L'article 6 de la loi des 29 novembre-8 décembre 1850, l'article 14 de la loi du 5 nivôse an V, posent le principe de cette irresponsabilité, qui a son fondement dans l'intérêt général, car il eût été impossible de prévoir jusqu'où aurait pu aller cette responsabilité, le droit commun obligeant à réparer le préjudice résultant des moindres négligences et des plus légères fautes, et l'importance considérable de ce service rendant inévitables ces fautes ou ces négligences.

236. Cette dérogation aux principes généraux fait naître la difficulté : qui supportera, en dernière analyse, le préjudice causé par la faute de l'Administration, à défaut de l'Administration elle-même ? Les uns en font peser la charge sur l'expéditeur, d'autres sur le destinataire, et une troisième opinion la partage entre l'un et l'autre.

237. En pratique, la question s'élève surtout à l'occasion de l'emploi du télégraphe comme mode de transmission de la pensée entre personnes contractant, à distance, parce que les erreurs ou inexactitudes qui s'y glissent sont, le plus souvent, imputables à l'Administration. Mais elle peut se présenter même lorsque les parties recourent à l'emploi d'une lettre missive comme procédé de communication.

238. Nous pensons que l'expéditeur doit être déclaré responsable toutes les fois qu'il s'est borné à adresser sa lettre, sans recourir à aucun des moyens mis par l'Administration à son service, pour entourer sa transmission d'une sécurité particulière, par exemple en recommandant sa lettre. Il a certainement commis, en cela, une faute, qu'il est indifférent de qualifier de contractuelle ou de délictuelle, car les conséquences sont, dans les deux cas, les mêmes.

239. Mais si l'expéditeur a pris soin de recommander sa lettre et qu'il établisse, d'autre part, qu'aucune irrégularité ou négligence ne lui est imputable, faut-il donner la même solution ? On pourrait le penser, en se fondant sur la qualité de mandant qu'il a, vis-à-vis de l'Administration, et sur la disposition de l'article 1998, au titre du mandat. Mais le texte ne déclare le mandant responsable des actes et des engagements du mandataire, que si celui-ci s'est conformé au pouvoir qui lui a été donné. Or, peut-on dire que l'expéditeur avait donné mandat d'égarer la lettre, de lui faire prendre une fausse direction, d'en retarder la remise ?

240. Une seconde théorie consiste à rechercher s'il est possible de relever une faute quelconque, une imprudence ou une négligence, à la charge de l'expéditeur ou du destinataire, qui puisse être considérée comme ayant facilité celle de l'Administration, et à l'en déclarer responsable. Bien que ce ne soit ni l'un ni l'autre qui ait égaré ou transmis irrégulièrement la missive, il suffit qu'une faute, même très légère, soit imputable à l'un d'eux, pour qu'il en porte les conséquences. S'il y a eu des deux côtés une faute, il faudra rechercher quelle est la plus grave, et mettre la perte au compte de son auteur. Enfin, en l'absence de toute faute des contractants, il va de soi que l'irresponsabilité légale de l'administration équivaut à un cas fortuit, qui ne donne ouverture à aucun recours. Les tribunaux jouissent à cet égard, d'un pouvoir très large d'appréciation de fait.

241. Enfin, dans un dernier système, on soutient que le préjudice résultant des fautes commises dans la transmission de la correspondance ne peut, en principe, donner lieu à des recours entre les contractants. Seuls l'Administration ou ses employés sont responsables, et si des raisons d'ordre public les protègent contre une poursuite, il y a là un cas fortuit, une sorte de fait du prince, dont les conséquences frappent définitivement celui qu'elles atteignent. Je serais porté à me ranger à cette manière de voir. La règle, c'est qu'il n'est pas ouvert de recours de l'une des parties contre l'autre ; exceptionnellement, si des fautes sont établies à la charge de l'une d'elles, et qu'il soit démontré que les irrégularités de transmission relevées contre la poste eussent été évitées, en leur absence, il y aura un recours de la partie lésée, ou bien l'auteur de ces fautes n'aura aucun recours, s'il a lui-même éprouvé le dommage.

242. Avant de terminer le court exposé qui précède, il importe d'observer que si l'Etat est affranchi de toute responsabilité, à l'occasion des fautes ou erreurs commises par l'Administration des postes, il n'en est pas de même des agents, qui restent engagés par leurs fautes personnelles.

243. Le but qui a fait édicter l'irresponsabilité de l'Etat, à savoir l'intérêt social qui commandait de soustraire le Trésor à des poursuites dont l'étendue et la gravité ne seraient pas compensées par la modicité des taxes postales ou télégraphiques n'existe plus, lorsqu'il s'agit de la responsabilité des employés. L'article 6 de la loi de 1850, au surplus, déroge au droit commun, donc n'est pas susceptible d'une interprétation extensive. Ce point n'est pas douteux.

244. Mais à quel titre seront-ils responsables ? Peut-on voir en eux des mandataires de l'expéditeur, mandataires que l'Administration s'est substitués, avec le consentement de l'expéditeur ? Faut-il rattacher leur responsabilité à un délit ou quasi-délit civil, conformément à l'article 1382 ? La question n'offre guère d'intérêt pratique, si l'on admet, avec une opinion nouvelle, que la responsabilité délictuelle ne se distingue pas, au point de vue de ses conditions d'existence et de ses résultats, de la responsabilité contractuelle, et nous serions très porté à partager cette idée.

245. Mais quel sera le tribunal compétent ? En principe, le tribunal civil, à moins que le fait reproché à l'employé ne constitue un délit, ce qui autorisera la partie qu'il lèse à porter son action devant la juridiction correctionnelle, accessoirement à l'action publique.

246. Il ne faut pas penser à réserver compétence, pour ces causes, aux tribunaux administratifs, bien que le Conseil d'Etat l'ait quelquefois décidé ainsi ; mais cela s'explique parce que, dans les espèces soumises à la haute assemblée, on cherchait à rendre l'Etat responsable du fait de ses employés.

247. Remarquons enfin que, si la demande formée contre un des agents de l'administration soulevait une question d'interprétation d'un règlement administratif concernant les postes et les télégraphes, la juridiction civile serait incompétente pour statuer sur cette question et devrait surseoir à rendre sa décision jusqu'à ce que l'autorité administrative interprète le règlement, dans ses clauses obscures ou ambiguës.

APPENDICE

APERÇU DE LÉGISLATION COMPARÉE.

248. Ainsi qu'on l'a vu, nos recueils de lois n'offrent pas une réglementation générale sur la matière des contrats conclus entre absents. Des dispositions éparses et de l'ensemble des principes généraux, la théorie a pu cependant se dégager et les points essentiels sont à peu près fixés. Cette lacune, qu'explique la rareté relative de ces conventions, au début du siècle dernier, a été comblée par les législations plus récentes des autres peuples. Il est intéressant, dans un rapide exposé, de faire connaître comment elles ont atteint ce but. Ce sera la conclusion normale de notre travail.

En ce qui concerne le moment de la formation du contrat, il est très diversement choisi et chaque système a reçu l'adhésion d'une loi positive.

249. Le système de la déclaration proprement dite est suivi en Espagne pour les matières commerciales (art. 34, C. com. du 1er janvier 1886) ; en Portugal (art. 234 et 240, C. com. de 1888) ; en Suisse (Code fédéral des obligations, art. 8) ; au Pérou (art. 185, C. com. de 1853) ; au Mexique (art. 222, C. com. de 1854) ; au Japon (art. 329, C. civ. de 1900). Le système de la réception est en vigueur dans la République Argentine, en matière commerciale (art. 203 et 204). Le système de l'information est adopté par la République Argentine en matière civile (art. 1154 et 1155) ; par le Chili (C. com., art. 97 et 100 cbn ; par l'Autriche (art. 862, C. civ.) ; par la Louisiane (art. 1796 et 1803, C. civ.) ; par l'Italie (art. 36, C. com. de 1882) ; par l'Espagne (art. 1262, alin. 2, C. civ. de 1889) ; par la Roumanie (art. 35, 36, 37 et 38, C. com. de 1887) ; par l'Allemagne (art. 130, C. civ. entré en vigueur le 1er janvier 1900). Ce texte formule, en termes abstraits, la règle généralisée. « La déclaration de volonté, qui doit être faite, vis-à-vis d'un autre, produit effet, du moment où elle lui parvient, lorsqu'elle a lieu en son absence. »

250. En ce qui concerne le lieu du contrat, ces diverses législations devraient, semble-t-il, le déduire de la règle admise touchant le moment de sa formation. Elles n'ont pas toutes procédé de la sorte. L'Autriche, l'Espagne, l'Italie, le Portugal, le Pérou, se conforment à leur théorie jusque dans ses dernières conséquences. Mais, d'autres, comme le Chili, la République Argentine, fixent le lieu du contrat à la résidence de l'acceptant.

251. Au point de vue de la faculté de rétractation et de l'effet des causes d'anéantissement de l'offre ou de l'acceptation, les diverses législations posent des règles précises.

Ainsi l'Allemagne, la Suisse, l'Autriche, déterminent un délai légal pour la durée de l'offre et lui attribuent les mêmes effets qu'au délai conventionnel ; l'acceptant a le droit de faire parvenir son acceptation jusqu'à la dernière limite du délai, et l'offrant ne peut pas, jusqu'à cette même époque, retirer ses offres ; mais il peut toujours les rétracter, si la lettre qui contient la rétractation arrive, chez le destinataire, avant la lettre d'offres ou en même temps qu'elle ; l'acceptation expédiée peut de même être rétractée, tant qu'elle n'est pas parvenue chez le destinataire. La mort ou l'incapacité de l'une des parties, et particulièrement de l'acceptant, empêchent la formation du contrat, lorsqu'elles se placent postérieurement à l'acte d'acceptation, mais antérieurement à son expédition. Il y a des législations, comme celle de la République Argentine, qui accordent une indemnité à l'acceptant qui a fait des frais dans l'ignorance de la mort ou de l'incapacité de l'offrant ou de la rétractation de l'offre (art. 1156, C. civ.). Le même droit n'est pas reconnu, dans des cas identiques, à l'auteur de l'offre. On peut le regretter. L'Allemagne (art. 130, alin. 2, C. civ.) considère la mort de l'offrant ou son incapacité comme indifférente ; l'acceptation peut encore intervenir utilement, si le délai (légal ou conventionnel) n'est pas écoulé.

252. Au reste, la plupart des législations accordent au destinataire de l'offre qui a fait des frais pour l'accepter un droit à des dommages-intérêts, en cas de rétractation de l'offre, antérieurement à l'acceptation, à moins que l'offrant ne préfère, pour échapper à cette conséquence, maintenir le contrat. Quant à l'offrant, on le laisse sous l'empire du droit commun. L'acceptation tardive oblige l'offrant à répondre qu'il ne tient pas le contrat, mais la Suisse et l'Allemagne (Code fédéral des oblig., art. 5 et art. 130, C. civ. allem.) limitent cette obligation au cas d'arrivée tardive d'une acceptation envoyée en temps utile. La disposition notamment de l'article 130 du Code allemand est tout à fait équitable. « *Au cas de retard imprévu dans l'arrivée du courrier, le pollicitant est tenu d'en aviser l'acceptant ; s'il néglige de le faire, l'acceptation est valable, malgré son arrivée tardive.* »

253. Plusieurs lois repoussent la rétractation tacite de l'offre (Chili, Honduras ; C. com., art. 99). Quant à l'acceptation, les législations qui donnnent effet à certaines présomptions qui l'impliquent, admettent aussi que sa rétractation peut se présumer (Suisse, art. 8, C. féd. oblig.).

En cas d'acceptation tacite, le contrat se forme à la réception de l'offre non refusée (même art. 8).

L'Italie repousse la révocation de l'offre, dès que le destinataire a reçu la lettre qui la renferme.

254. L'Angleterre et les Etats-Unis n'ont pas légiféré sur la matière des contrats entre absents. La pratique admet le système de l'émission, dont elle adoucit la rigueur, dans certaines hypothèses particulières, par des emprunts faits à la théorie de la réception.

ADDENDA

Note *qui trouve sa place sous le n° 35, page 29.* — Il est tout au moins un cas dans lequel il ne devrait pas, semble-t-il, en être ainsi, c'est lorsqu'il y a eu échange de lettres dites de fiançailles.

La lettre de fiançailles est confidentielle sinon par essence tout au moins de sa nature, mais sa restitution n'importe le plus souvent qu'au cas de rupture. En l'état de la jurisprudence elle est comme toute lettre confidentielle en la possession du destinataire, tout en restant la propriété de l'expéditeur. Il semble pourtant plus équitable que l'abandon du projet de mariage doive justifier l'obligation pour le détenteur de restituer ces lettres qu'on peut soutenir, sans entrer dans d'autres considérations qui auraient cependant leur importance n'avoir été envoyées que sous la condition *si nuptiæ sequantur* (Voir : *Gaz. Trib.*, 4 janvier 1906 ; just. paix Tarascon. — Voir aussi : *infrà*, n° 64).

Mais à vouloir élever la discussion ne pourrait-on pas soutenir aussi, et à juste titre que la règle incontestable qui veut que les lettres confidentielles soient restituées *le plus tard après la mort* doit être modifiée ici dans son application ; la rupture du lien moral des fiançailles et la mort véritable ou apparente des sentiments sous l'empire desquels furent écrites les lettres qui en perpétuent le souvenir sont, à notre avis, la raison qui en dicte la destruction ou mieux encore la restitution.

TABLE DES MATIÈRES

TABLE ALPHABÉTIQUE DES MATIÈRES

Le signe — est employé pour éviter la répétition du mot initial ; les chiffres indiquent les numéros des paragraphes ; les lettres ssq., à la suite d'un numéro signifient : et suivants.

Imp. J. Thevenot, Saint-Dizier (Haute-Marne).

www.ingramcontent.com/pod-product-compliance
Ingram Content Group UK Ltd.
Pitfield, Milton Keynes, MK11 3LW, UK
UKHW021044220726
13924UKWH00005B/2008

9 782019 298593